ABBÉ BAZOT

PRÊTRE DU DIOCÈSE DE VERSAILLES (SEINE-ET-OISE)

Mon Voyage d'Italie

AVRIL-MAI 1925

AVIGNON

AUBANEL FRÈRES, ÉDITEURS

IMPRIMEURS DE N. S. P. LE PAPE

1925

Mon Voyage d'Italie

ABBÉ BAZOT

PRÊTRE DU DIOCÈSE DE VERSAILLES (SEINE-ET-OISE)

Mon Voyage d'Italie

AVRIL-MAI 1925

AVIGNON

AUBANEL FRÈRES, ÉDITEURS

IMPRIMEURS DE N. S. P. LE PAPE

1925

AVANT-PROPOS

Qui n'a rêvé de faire, une fois au moins dans le cours de son existence, le voyage d'Italie? Qui n'a jamais désiré voir Rome, la ville aux éternels souvenirs, grande dans l'antiquité, parce qu'elle fut la maîtresse du monde; plus grande encore, dans les temps modernes, parce qu'elle est devenue le centre et le cœur de la chrétienté tout entière? Qui n'a souhaité de visiter cette riche péninsule italique où les beautés de l'art, sous toutes ses formes, le disputent avec celles des sites les plus merveilleux : côtes finement découpées, lacs enchanteurs, montagnes aux cimes longtemps neigeuses, collines dont les flancs se parent des doux fruits de l'Orient, tunnels variés qui n'arrêtent un moment la vue que pour faire paraître ensuite le paysage plus grandiose et plus magnifique? Et ces villes aux noms évocateurs des plus suaves impressions : Naples, Venise, Milan, Florence, Assise, pour ne pas citer la Sicile avec Messine et Palerme?

Trois fois déjà, dans le passé, j'avais projeté de faire ce voyage en Italie, et trois fois, à mon grand regret, j'en avais été empêché par les circonstances. Je me réservais de l'entreprendre en l'année 1925, l'année jubilaire, qui devait être celle des grandes béatifications et canonisations. Je m'y suis préparé longtemps, j'ai étudié mon plan, fixé à l'avance mon itinéraire, déterminé ce que j'aurai principalement à voir. Et je suis parti, le soir de Pâques, *par un rapide de nuit, quittant la gare de Lyon à 22 heures. Je n'emportais pour tout bagage que ma petite valise, cette valise qui m'accompagna autrefois en Angleterre, en Allemagne, en Suisse, en Espagne, en Belgique, en Hollande, compagne assidue et résignée de mes nombreux voyages, que je n'ai pas toujours assez épargnée, surtout dans les retours, lui faisant supporter, la pauvrette, un poids ou un volume, que n'autorisaient ni sa force ni sa capacité.*

Qu'il me soit permis, chers lecteurs, de vous rapporter, en cet opuscule, quelques-unes des impressions que j'ai recueillies de mon voyage, les souvenirs des choses qui m'ont le plus frappé, les émotions vraies, sincères et fortes que j'ai partout ressenties, et que je voudrais vous communiquer. S'il vous a été donné de faire, un jour, vous-mêmes, le voyage d'Italie, ces pages vous rappelleront des heures délicieuses et des joies vécues; si vous n'avez pas encore vu les lieux dont je parle, elles vous donneront, peut-être, un désir plus grand de les visiter à votre tour, et vous serviront d'un guide sommaire et abrégé, qui vous aidera à préparer un voyage si plein de charme et d'instruction. J'ose espérer que vous ferez bon accueil à ce modeste « carnet de route ».

Abbé Georges Bazot.

MON VOYAGE D'ITALIE

I

De Paris à Gênes par Modane et Turin.

Lundi 13 avril. — A l'aube, notre train arrivait dans l'*Ain*; c'est d'ailleurs à partir de cette région que l'intérêt commence. De Paris à Dijon, rien qui attire particulièrement l'attention du voyageur, c'est la banlieue parisienne avec ses maisons et ses localités qui se ressemblent toutes; c'est la Champagne et ses plaines crayeuses, la Basse-Bourgogne et ses vignes. Mais à partir d'*Ambérieu*, le paysage change soudain, les montagnes se dessinent à l'horizon, le terrain devient fort accidenté, la voie ferrée s'engage en des gorges pittoresques. Voici le beau *lac du Bourget*, chanté par Lamartine : le train semble ralentir pour donner aux voyageurs tout le temps d'en remarquer la coupe variée, les grandes murailles de rochers qui l'enserrent, les eaux tranquilles et profondes qui portent l'âme aux sombres rêveries. Puis c'est *Chambéry*, la vieille capitale du duché de Savoie, dont on n'aperçoit que le cadre de hautes montagnes; *Saint-Jean-de-Maurienne*, plus sauvage encore; *Modane* enfin, la ville frontière où il faut subir les ennuis d'une double douane, visa des passeports, inspection des bagages, contrôle des billets. Dans cette gare, commune aux deux pays, vous ne savez plus si vous êtes encore en France ou si vous avez déjà mis le pied sur la belle Italie ? vous restez perplexe, à la vue de tous ces douaniers dont les uns ont bien le costume et l'allure des Français, mais les autres le caractère, les manières et surtout la casquette d'un pays qui n'est plus le vôtre. La casquette, ah ! oui, c'est là surtout l'indice du fonctionnaire étranger; elle a sa forme spéciale, unique, originale, souvent bizarre; je l'ai remarquée à toutes les frontières, celles d'Espagne, de Suisse, d'Allemagne, de Luxembourg, de Hollande, de Belgique, d'Angleterre, et elle m'a toujours inspiré un peu d'effroi et beaucoup de curiosité. Modane est ville toute française malgré sa douane italienne; le grand *tunnel du Mont Cenis*, ou plus exactement de Fréjus, nous sépare encore de l'Italie, mais comment établir une douane frontière au milieu de cet immense boyau de plus de douze kilomètres, à peine éclairé, et qu'on se sent une telle hâte de voir définitivement franchi, comme si la mort vous y guettait à chaque tour que font les roues du train !

Le tunnel est passé, tous les voyageurs se précipitent dans les couloirs des wagons pour saluer l'Italie; car c'est bien elle maintenant, l'Italie tant rêvée; elle nous apparait sous son aspect le plus sauvage, le plus chaotique, le plus tourmenté, en attendant qu'elle étale sous nos yeux ses beautés enchanteresses. Nous y entrons par l'âpre *vallée de Suze*, montagnes escarpées et couvertes de neiges éternelles, pics aux formes gigantesques qui inspirent la frayeur, immenses masses toutes rocheuses, semblant se dresser contre le ciel et engager avec lui une lutte sans trêve; torrents et rivières qui coulent bruyants au fond de leurs lits rocailleux, tunnels très courts mais souvent répétés sur cette route ferrée qui surplombe l'infernale vallée, au fond de laquelle s'aperçoivent de temps à autre quelques villages que vous prendriez pour des agglomérations liliputiennes. Le train s'avance assez rapidement; on sent à son allure qu'il est emporté vers des lieux moins arides, qu'il descend, descend toujours, qu'il va chercher la plaine; la vallée s'élargit et devient moins profonde, les montagnes font place aux collines, les collines aux coteaux, les villages se rapprochent, les maisons sont moins pauvres, les terres mieux cultivées, les arbres plus verts et plus vigoureux; nous allons vers la grande plaine, *la plaine du Pô*, si riche, si fertile Comme les héroïques soldats de Bonaparte, comme ceux aussi du grand Annibal, mais sans fatigues, sans peine, sans privations, nous avons passé des hauteurs arides des grandes Alpes à la terre féconde du *Piémont;* nous sommes arrivés à Turin, Torino, l'ancienne capitale des rois de Sardaigne. Je ne m'y suis arrêté que quelques heures à l'allée, mais je la visiterai au retour. Le soir même, je partis pour *Gênes*, c'était le lundi de Pâques, jour férié; le train était bondé au départ de Turin et ne désemplit pas au cours du long trajet; j'avais pris un omnibus pour mieux étudier la physionomie de ce peuple en fête, mais je m'en repentis presque, tant fut long le parcours, six heures pour faire cent soixante-dix kilomètres environ! Voici *Asti*, célèbre par ses vins; *Alexandrie*, point de jonction de plusieurs grandes lignes, *Novi*, puis c'est la traversée de l'Apennin occidental, qui se fit malheureusement de nuit, et j'arrivai à Gênes, dans la nuit noire. J'avisai, non loin de la gare, dans la rue Balbo, un « albergo » d'assez bonne apparence, l'Albergo di Liguria, où je trouvai une modeste chambre pour quinze lires. Elle m'a suffi; j'y passai ma première nuit sur le sol italien, rêvant à tout ce que j'y allais rencontrer de beau, d'instructif, de merveilleux, et dormant assez bien de la fatigue d'une précédente nuit blanche dans un wagon de troisième classe.

II

Gênes et les Villes de la Côte méditerranéenne.

13 et 14 avril. — Le mardi 14, je dis ma messe dans une église toute proche de l'hôtel, San Carlo dei Scalzi, église des Carmes Déchaussés, où l'on vénère un tableau de Petite Sœur Thérèse de l'Enfant Jésus, qui sera bientôt canonisée. C'est à elle que j'avais recommandé mon voyage, j'étais heureux de la retrouver dans la première église où je disais la messe en Italie. Puis je visitais la ville, *Genova la Superba*, comme on disait *Niza la Bella*, mais je préfère Nice à Gênes, bien que toutes deux soient très intéressantes. Gênes a des palais magnifiques, des églises d'une grande richesse, un Campo Santo unique; son port est animé; ses rues étroites et montantes, où le soleil ne pénètre que rarement; elle est bâtie en amphithéâtre sur la colline qui regarde la mer, et semble dominer, comme une reine orgueilleuse, ce vaste golfe auquel elle a donné son nom. Ce qui m'a le plus charmé en elle, c'est son *Lido* ou sa belle promenade sur la Méditerranée. L'église la plus riche, la mieux décorée, peut-être trop riche et trop décorée, c'est l'Annunziata, tenue par les disciples de saint François, le poverello d'Assise : on y voit une profusion d'ors, de peintures et de marbres.

Mercredi 15 avril. — Le 15 au matin, après ma messe, après avoir jeté un dernier regard sur la patrie de Christophe Colomb, dont le monument orne la place de la gare, je pris mon billet pour Rome. J'étais ému en le demandant, j'eus besoin de m'assurer que je ne rêvais pas; je l'avais tant de fois, dans mes rêves, pris ce billet pour la ville des Papes; non, cette fois, je ne rêvais pas, j'étais bien dans le hall d'une vraie gare italienne, je voyais inscrits en grosses lettres ces mots : billets pour Rome; j'en prenais un pour lequel je versais soixante-dix-huit lires, je le serrais, respectueusement et amoureusement dans mon portefeuille, il me semblait que c'était bien le talisman qui allait m'ouvrir les portes de la ville dont se berça tant d'années mon imagination curieuse; la ville par excellence, la seule qui si longtemps compta pour les fiers descendants d'Énée et de Latinus. J'allais y arriver cette fois, et par quel chemin, par quelle route royale, par quelle voie princière et vraiment digne d'Elle!

De Gênes à Rome par la côte ligurienne, est-il rien de plus ravissant? Descendre tout ce littoral de la Méditerranée jusqu'à Civita-Vecchia, avoir la mer presque constamment sous les yeux, admirer en passant des coins superbes, tels que *Rappallo, La Spezia. Carrara* et *Pietrasanta*, aux carrières de marbre si célèbres, Viareggio avec sa plage tant courue, *Pise sur l'Arno*, et ses trois merveilles que l'on voit du train : le Baptistère, le Dôme et la Tour penchée. *Livourne!* Ici la voie ferrée quitte le littoral pour s'enfoncer en des terres monotones et peu fertiles, les Maremmes, de Toscane et de Rome, puis revient à la côte, s'en éloigne, y revient encore, laissant voir de grosses agglomérations, comme *Grosseto. Orbetello. Corneto*; enfin la vieille cité, *Civita Vecchia*, assise sur le bord de la mer, port de Rome, qui se trouve à quatre-vingts kilomètres de là, dans l'intérieur du Latium; les Romains d'autrefois la nommaient Centumcellœ. C'est là, dit la légende du Bréviaire, que fut exilé le Pape saint Corneille.

De Civitta-Vecchia à *Palo*, on longe encore la côte, mais le pays reste inculte, puis, la voie oblique sérieusement à l'est, le train reprend de la vitesse, il traverse une contrée peu habitée, où les anciens avaient de jolies villas et des bourgs importants et il arrive enfin à Rome par le sud de la ville, qu'il contourne, en traversant le Tibre au Ponte Nuovo, longe les murs au sud-est, entre résolument dans la capitale, par le côté est et la Porte Majeure et nous dépose à la grande gare, la Stazione dei Termini, tout près des immenses ruines des Thermes de Dioclétien. — Il est sept heures et demie du soir et la nuit est venue déjà, dans ces régions où le soleil se lève et se couche bien plus tôt que chez nous.

Je me rendis aussitôt à la maison des Pères de la Fraternité Sacerdotale, Via S. Martino, où m'était réservé, en payant, le plus aimable accueil. C'est une maison fondée pour servir d'hôtellerie aux prêtres pèlerins; on y trouve une bonne chambre, un bon lit, la facilité de dire sa messe et le petit déjeuner du matin, tout cela pour dix-sept lires par jour. Le quartier est neuf, à dix minutes de la gare, tout près de l'ancien camp prétorien, aujourd'hui caserne militaire.

Cette fois, j'étais à Rome et mon âme de prêtre, de touriste et de vieil humaniste allait se remplir d'inoubliables impressions. Je passai neuf jours pleins dans cette ville si riche de souvenirs variés et je ne perdis pas une minute de mon temps.

III

Rome. La Basilique des Saints Apôtres.

Ma première visite — visite qui se renouvela tous les jours d'ailleurs — fut pour la *Basilique de Saint-Pierre* et *le Vatican*. N'est-ce pas pour eux, avant tout, que l'on vient à Rome, de tous les points du monde? Voir le tombeau de l'apôtre et la demeure du Pape, son successeur, s'agenouiller à l'autel de la Confession, prier devant ces lampes d'or qui luisent jour et nuit près des cendres de Pierre, puis aller demander à celui qui le remplace dans la plus haute des fonctions ici-bas, la bénédiction d'un Père; c'est le but premier de tout pèlerin chrétien en la Ville Eternelle; c'est la première pensée qu'il veut réaliser.

Jeudi 16 avril. — Je quittais donc, après ma messe, la maison de la via S. Martino, accompagné d'un jeune clerc de l'école Sainte-Geneviève de Versailles, que j'avais rencontré là, par hasard, et qui s'offrit de guider mes premiers pas en cette grande cité romaine. Nous prîmes, *place dei Termini*, le tramway N° 1 qui mène directement, par un long et beau trajet, de la gare à la place Saint-Pierre. J'eus ainsi, dès le premier matin, comme un aperçu général du plan de la ville; j'admirai la belle voie nationale, qui partant de Sainte-Marie des Anges, s'incline légèrement au sud-ouest, longe le pied du Mont Quirinal, remonte un moment vers le Palais Colonna pour aboutir à la *Place de Venise*; là, change son nom en celui de *via del Plebiscito*, et se pare enfin, jusqu'au Tibre qu'elle atteint près du Château Saint-Ange, de l'appellation royale de *Cours Victor Emmanuel*. Passé le Tibre, aux eaux troubles et jaunâtres, flavus Tiber, la ligne du tramway remonte un peu vers le nord et prend résolument la direction de l'ouest, en longeant le Borgo Nuovo, qui aboutit à la piazza Rusticucci, son point terminus. — De cette place, l'œil émerveillé embrasse un spectacle indicible, tout l'ensemble de la cité papale : l'immense place de Saint-Pierre avec son obélisque au milieu et les deux fontaines latérales, la fameuse Colonnade du Bernin avec ses innombrables pilliers de marbre, la Basilique dans le fond, avec son Dôme qui s'élance dans le ciel, et à gauche la masse imposante du Vatican, dont la porte de bronze qui donne à l'extrémité de la Colonnade, est gardée par les Suisses, hallebarde sur l'épaule, et richement costumés. Instinctivement l'on s'arrête à contempler cette perspective de merveilles qui font un tout si harmonieux, et l'on songe à tous ces génies italiens qui ont réalisé une œuvre si belle.

Comment parler des richesses intérieures de Saint-Pierre-de-Rome ? Que dire des impressions qu'elle fait naître, des admirations qu'elle suscite, des étonnements qu'elle provoque ? Il faut la voir dans son ensemble, puis l'étudier dans ses infinis détails. Au premier abord, elle ne fait pas l'effet d'être si grande, tant elle est proportionnée en toutes ses parties, tant l'harmonie règne partout. Ce n'est qu'en la parcourant en tous ses sens, en remontant sa nef principale, en longeant son transept, en examinant son immense coupole, en sondant du regard la hauteur de sa voûte, en mesurant de l'œil ses statues, ses piliers, les monuments funèbres adossés à ses murs, qu'on se rend petit à petit un compte exact de ses dimensions extraordinaires; et à voir la foule considérable des visiteurs qui se croisent en tous sens et jamais ne se gênent, ne s'incommodent, je dirai même ne se coudoient, on juge de son ampleur et de ses proportions. C'est bien le plus vaste monument qui soit au monde, du moins la plus grande église qui existe sur terre. Je n'en ferai pas la description détaillée, on la trouve dans tous les guides et tous les manuels. Qu'il me suffise de rapporter ce qui m'a le plus frappé en cette basilique faite pour abriter le tombeau du grand Apôtre et apparaître vraiment digne de lui.

Sa superficie a 15.160^{m2}, dépassant de beaucoup celle des plus grandes églises du monde, Milan, Saint-Paul-de-Londres, Sainte-Sophie-de-Constantinople, Cologne et Paris ; sa longueur totale $211^{m}50$; sa plus grande largeur 123^{m}, (transept, $137^{m}50$); la hauteur de la grande nef $46^{m}20$. Le dôme mesure $132^{m}50$; avec un diamètre de 42^{m}.

La façade que précède un perron a $112^{m}60$ de large, et $44^{m}30$ de haut. Elle compte huit colonnes, quatre pilastres et six demi-pilastres corinthiens. Elle est surmontée d'une balustrade décorée des statues du Sauveur et des apôtres de $5^{m}70$.

Le portique a 71^{m} de large, 20^{m} de haut et $13^{m}50$ de profondeur et est remarquable par sa riche décoration en mosaïque. Cinq portes donnent entrée à l'intérieur de l'édifice, dont la *porte sainte,* et la porte de bronze du milieu. En cette année jubilaire, la plupart des pèlerins entrent par la porte sainte ouverte le 25 décembre dernier par Sa Sainteté Pie XI, et qui sera close de nouveau, à Noël prochain, pour une période de vingt-cinq ans.

L'intérieur de l'église offre un aspect imposant ; on y est impressionné aussitôt par le génie de Bramante. Trois nefs s'ouvrent, dont la grande, ornée de chaque côté de quatre énormes piliers, mène à la coupole sous laquelle se trouve la Confession ou le tombeau de saint Pierre, avec son riche baldaquin aux colonnes torses et les quatre-vingt-neuf lampes toujours allumées. La coupole repose sur quatre énormes piliers de 71^{m} de tour, auxquels viennent s'adosser les statues colossales de saint Longin, de sainte Hélène, de sainte Véronique et de saint André ; au-dessus quatre loges dues au Bernin et sur la frise du pourtour cette inscription en lettres bleues de 2^{m} de haut : *Tu es Petrus et super hanc petram ædificabo ecclesiam meam et tibi dabo claves regni cœlorum.* Au fond de l'abside, la chaire de saint Pierre, son trône en bois, encastré dans le bronze et soutenu par quatre Pères de l'Eglise : saint Ambroise, saint Augustin, saint Athanase et saint Jean Chrysostome.

Peu de peintures; les tableaux des maîtres ont été remplacés par des reproductions en mosaïques, et transportés à Sainte-Marie-des-Anges et au Vatican. Citons parmi les objets et monuments intérieurs de la basilique ceux qui retiennent davantage l'attention : la Pieta de Michel-Ange, le tombeau de Grégoire XIII, celui de Clément XIII, ceux de Benoît XIV, de Clément X, d'Innocent XI, d'Innocent VIII, — la statue de Pie X, dont le tombeau vénéré est encore dans la crypte, près de celui de son successeur Benoît XV, — l'antique et vénérable statue en bronze de saint Pierre dont le pied est usé par les baisers des fidèles.

L'ascension du Dôme se fait jusqu'au toit par un escalier qui se trouve dans le bas-côté gauche de l'église ou par l'ascenseur. De cette terrasse, on domine d'un côté toute la ville, de l'autre on aperçoit toute une foule de petits dômes et autres constructions en partie habitées par les Sanpietrini. La montée du grand dôme (94^{m} de haut, 192^{m} de circonférence extérieure) commence alors par un escalier en spirale, situé entre la double calotte du dôme, on peut ainsi considérer tour à tour l'intérieur de l'édifice et le magnifique panorama extérieur qui s'étend à perte de vue sur la campagne romaine et les monts environnants.

Je suis sorti de cette première visite de Saint-Pierre-de-Rome impressionné, ravi.

IV

Le Transtevère et ses églises.

Il était midi passé; je résolus, étant tout près du Janicule, qui domine le *Transtevère*, de consacrer ma première après-midi à la visite de ce quartier si original de la Rome antique, de la Rome des Césars et des premiers chrétiens. J'avais beaucoup entendu parler du Transtevère, j'en avais lu maintes fois la description; je me rappelais *Fabiola* et *Quo Vadis*, qui si souvent le mentionnaient et je désirais me pénétrer, dans ce coin de Rome pauvre, sale et débordant de population aux mœurs frustes et simples, me pénétrer, dis-je, d'impressions tout autres que celles qu'on emporte des quartiers riches, luxueux, fardés et cosmopolites. Je pris donc en sortant du Vatican le borgo S. Spirito, longeai le grand hôpital du Saint-Esprit, admirai en passant les inscriptions qui sur les murs des principaux monuments de ce quartier attestaient la libéralité des Papes pour leur chère ville de Rome, puis suivis la longue rue dite *Via Lungara*. Je vis en passant quelques églises, puis j'arrivai en plein Transtevère : rues étroites, places minuscules, maisons pauvres, beaux enfants joufflus aux visages crasseux, hommes et femmes du peuple rappelant les traits des vieux Romains, population saine sous des dehors un peu trop négligés. Trois églises surtout m'ont frappé, *Sainte-Marie-della-Scala*, tenue par les Carmes qui m'ont fait vénérer le pied de sainte Thérèse conservé dans un riche reliquaire; *Sainte-Marie-du-Transtevère*, titre cardinalice, près du palais S. Callisto, pontife qui passe pour avoir fondé cette basilique, souvent restaurée depuis, et plus bas, *Sainte-Cécile-au-Transtevère* qui, bâtie sur la maison même de la sainte martyre, garde son corps, ramené sans corruption des catacombes Saint-Callixte où elle fut immolée pour la cause du Christ. Comme on prie bien dans ce sanctuaire de l'aimable petite sainte dont l'histoire est parmi les plus touchantes du martyrologe chrétien ! C'est comme embaumé du parfum qu'elle exhale encore, après tant de siècles, que j'ai quitté ce Transtevère, que beaucoup de pèlerins négligent de visiter, parce qu'ils l'ignorent, et qu'aucune réclame tapageuse n'y pousse les touristes pressés, ou les fidèles attirés ailleurs par un programme écourté ou incomplet. J'avais projeté d'y revenir; hélas! le temps m'a manqué; mais du moins je l'ai vu, ce cher Transtevère de mes rêves passés ! Et j'en reste tout heureux !

V

Le Palais du Vatican.

Vendredi 17 avril. — Dès le matin, après ma messe, je suis allé rendre visite à un de mes amis, Mgr Fourrier-Bonnard, recteur de l'église Saint-Nicolas-des-Lorrains, que j'avais connu, avant la guerre, mon voisin dans le canton de Montfort l'Amaury et qui depuis s'est fait, par des études spéciales, une belle place dans Rome. Il travaille tous les jours à la bibliothèque vaticane et prépare un ouvrage sur

2

le Bullaire d'un Pape. Je l'ai trouvé chez lui, Torre de Sanguigna, tout près de la place Navone; puis nous sommes allés ensemble au Vatican; j'ai franchi, avec lui, la fameuse porte de bronze, j'ai monté la Scala pia, magnifique escalier de marbre qui mène à la cour Saint-Damase; je suis entré dans les appartements du Maître de Chambre, haut personnage ecclésiastique qui délivre les billets d'audience auprès du Souverain Pontife; j'ai sollicité la faveur d'assister à une de ces audiences publiques que Pie XI donne chaque jour dans les galeries du Vatican; puis j'ai visité le palais des Papes, le plus grand palais du monde et peut-être aussi le plus riche. Principale demeure des Pontifes romains, depuis la fin du schisme d'Occident, il s'est agrandi et embelli successivement depuis Nicolas V (1450), jusqu'à Pie IX; il occupe aujourd'hui une superficie de 55.000^{m2}, dont environ 25.000 pour les cours qui sont au nombre de vingt. Une petite partie est réservée au Pape, le reste se compose de salles d'apparat, ou renferme de riches collections. C'est un musée unique au monde, de peintures, de sculptures, d'antiquités, de monnaies, de mosaïques, etc. On connaît les fameuses loges ou stanzes de Raphaël, la chapelle Sixtine décorée par Michel-Ange, les appartements Borgia, la Pinacothèque, la cour du Belvédère, je n'en dirai rien.

VI

Les Basiliques jubilaires.

Après cette visite un peu hâtive du Vatican, j'ai déjeuné en un restaurant de la place Rusticucci, puis j'ai pris le tramway pour *Saint-Paul-hors-les-Murs* qui est à l'autre extrémité de la ville, à une distance de plusieurs kilomètres.

C'est la seconde église de Rome pour les dimensions, elle n'a que 120^{m} de long, 60^{m} de large, et 23^{m} de haut, mais elle produit une impression profonde de grandeur, de beauté et de richesse. On reste étonné devant sa forêt de colonnes en marbre, ses cloîtres, ses mosaïques, ses peintures. Elle possède, elle aussi, sa Confession ou tombeau de l'Apôtre et son autel papal. Au-dessus des colonnes des trois nefs et dans le transept se trouve une longue série de médaillons de tous les Papes, en mosaïque, hauts de 1^{m}50.

Je suis rentré de Saint-Paul par un tramway qui m'a amené à Sainte-Marie-Majeure, puis à Saint-Jean-de-Latran; ce sont avec Saint-Pierre et Saint-Paul les églises jubilaires qu'il faut visiter un certain nombre de fois pour gagner la grande Indulgence.

Sainte-Marie-Majeure, dite Basilique Libérienne, Notre-Dame-des-Neiges et Sainte-Marie-ad-Presepe est la plus grande des quatre-vingts églises de Rome, placée sous le vocable de la Vierge. Elle est très ancienne, du moins dans l'une de ses parties, qui date du vme siècle, mais subit de nombreuses transformations jusqu'à la restauration complète qu'en fit faire Benoît XIV. L'intérieur a trois nefs et mesure 85^m^ de long sur 18 de large, l'ensemble offre un agréable coup d'œil. On y vénère la crèche de l'Enfant-Jésus, ou du moins cinq planches qui en faisaient partie ; elle est sous la Confession de Saint-Matthias. Beaucoup de Papes sont enterrés dans cette église. Je me suis spécialement arrêté au tombeau de Saint Pie V, qui se trouve dans la magnifique chapelle Sixtine.

Saint-Jean-de-Latran est aussi une fort belle église, ***omnium urbis et orbis ecclesiarum mater et caput;*** mère et maîtresse de toutes les églises, elle est bâtie sur l'emplacement même de la première basilique chrétienne, le palais des Laterani que Constantin converti donna au pape saint Sylvestre pour en faire un lieu de culte ; de là son appellation de Basilique constantinienne. Détruite et rebâtie plusieurs fois, elle doit sa forme actuelle à Pie IV (1560), avec des modifications dernières sous Pie IX et Léon XIII. Elle est précédée d'un beau portique de 60^m^ de largeur et 10^m^ de profondeur ; elle a cinq entrées dont une porte sainte; l'intérieur a 130^m^ de longueur et cinq nefs. Cinq grands conciles s'y sont tenus aux XIIme, XIIIme et XVIme siècles. La nef principale est soutenue par douze piliers dont les niches portent les douze apôtres en statues colossales ; La Confession est surmontée du reliquaire contenant les crânes de saint Pierre et de saint Paul; il y a un autel papal, et tout auprès le tombeau de Martin V; plusieurs autres tombeaux de papes, entr'autres celui de Léon XIII, que domine sa statue immense. De l'église on passe à un très joli cloître aux colonnettes torses incrustées de mosaïques. La grande place dont le centre est décoré d'un obélisque en granit rouge, datant du XVme siècle avant Jésus-Christ (le plus grand qui existe, il est en trois morceaux, car il fut trouvé brisé, 32^m^ de haut), comprend, avec une partie de la basilique, un beau baptistère et le palais de Latran, ancienne demeure des Papes, aujourd'hui musée. Je ne l'ai pas visité. Non loin de là se trouve la *Scala Santa* qu'on ne monte qu'à genoux (vingt-huit degrés de marbre recouvert de bois). J'ai terminé cette journée en rendant visite, rue Balbo, au R. P. Brocken, supérieur général des Missionnaires du Sacré-Cœur d'Issoudun, mon ancien condisciple à la Petite-Œuvre. J'ai revu aussi le R. P. Genocchi, un des religieux de Rome les plus éminents par sa science et sa piété. Il fut autrefois mon professeur d'Ecriture sainte au scolasticat d'Issoudun.

VII

Une audience publique de Pie XI.

Samedi 18 avril. — Je suis ému, très ému; hier matin j'ai demandé à Monseigneur le maître de chambre de Sa Sainteté Pie XI la faveur d'assister à une audience du Souverain Pontife; le soir même, je trouvais à mon hôtel une carte d'admission pour le lendemain soir, cinq heures et demie et valable pour quatre personnes. J'allais donc avoir le bonheur de voir le Pape, le vicaire de Jésus-Christ, le successeur de saint Pierre, le plus grand personnage qui soit sur la terre; celui pour qui l'on vient à Rome de tous les points de l'univers; j'allais m'agenouiller devant lui, recevoir sa bénédiction, baiser sa main paternelle, dans ce Vatican où il se tient captif volontaire, pour protester comme ses prédécesseurs contre la violation de ses droits et le vol de ses Etats. Qu'ai-je fait cette journée? Mes visites jubilaires aux basiliques déjà décrites, une visite aussi à la Sainte-Croix de Jérusalem, où se trouvent accumulées tant de précieuses reliques de la Passion du divin Maître. Je me suis promené dans Rome, mais mon esprit était rivé à cette pensée si délicieusement obsédante, voir le Pape avant la fin du jour! A quatre heures de l'après-midi j'étais sur le vaste place de Saint-Pierre, attendant l'heure où la porte du bronze allait nous accueillir, je ne dis pas s'ouvrir, car elle est toujours ouverte, même la nuit, elle ne se ferme qu'à la mort d'un pape, mais elle est gardée constamment par un peloton de Suisses. Vers cinq heures moins un quart, l'on nous fit entrer, dans un ordre et avec un contrôle parfaits : la milice pontificale accomplit toujours parfaitement son rôle ; sans brusquerie elle sait se faire obéir et l'on ne voit jamais de disputes ni de contestations à la porte du Vatican. Comme j'avais une carte pour quatre personnes, j'eus l'occasion de faire trois heureux, le Séminariste d'abord qui demeurait avec moi à la maison des Pères, puis un jeune ménage suisse de Fribourg, venu à Rome en voyage de noces et qui repartait le lendemain sans avoir su comment demander une audience pontificale ; je leur offris de profiter de ma carte ; ce qu'ils firent avec joie et m'en furent très reconnaissants. Nous montâmes par la Scala Pia, dont j'ai déjà parlé, et, parvenus dans la cour Saint-Damase, nous prîmes le chemin des appartements du Pape, à droite. Arrivés dans la galerie d'audience, nous attendîmes, recueillis et presque silencieux, le moment où le Pontife allait apparaître ; les gardes veillaient au bon ordre, les camériers et officiers pontificaux assuraient l'observance stricte et sévère du règlement en usage dans ces cérémonies souvent répétées ; nous étions très nombreux, alignés sur deux rangs le long de l'immense galerie. Vers six heures un quart la porte du fond s'ouvrit, l'on vit poindre les brillants uniformes des hallebardiers, puis s'avancer lentement, majestueusement le cortège réduit, formé de quelques officiers de cape et d'épée, et de quelques monsignors en mosette et camail violet, le souverain Pontife marchait derrière eux, habillé tout de blanc ; un clerc le suivait, portant son manteau de pourpre. Le plus grand silence se fit dans cette foule émue et recueillie, et le Pape s'avança, suivit la longue rangée des pèlerins de droite, bénissant chacun d'eux, adressant la parole à quelques-uns ; revenant sur ses pas, il bénit à leur tour ceux de gauche, de sorte que chacun le vit passer deux fois devant lui et put le contempler à l'aise. Ce n'est pas un vieillard, mais un homme en pleine force, en pleine vigueur physique, de taille moyenne avec assez d'embonpoint, le visage empreint d'une grande bonté, mais d'une gravité impressionnante. Comme on sent bien, à le regarder, les pensées qui l'agitent, les responsabilités qui pèsent sur lui, les soucis infinis qui l'oppressent, *sollicitudo omnium ecclesiarum*, comme dit l'apôtre saint Paul ! Je le reverrai demain, en la Basilique de Saint-Pierre, porté sur la Sedia Gestatoria et s'avançant au milieu d'une foule en délire qui l'acclamera en toutes les langues et agitera des mouchoirs sur son passage ; ici rien de pareil, c'est le silence calme, plein de respect, profondément religieux ; A Saint-Pierre, ce sont les Romains surtout qui poussent des vivats et des cris en l'honneur de leurs anciens rois qu'ils ont d'ailleurs si facilement laissés dépouiller de leurs États dix fois séculaires ; les étrangers acclament eux aussi par imitation et entrainement ; au Vatican, ce sont les fidèles du monde entier qui voient le Vicaire de Jésus-Christ, et se tiennent muets d'admiration et de respect, comme ils feraient devant le Christ lui-même, s'Il leur apparaissait soudain. Le contraste m'a frappé entre ces deux Visions du Pape, et je crois en avoir ainsi compris et saisi le sens. L'audience terminée, nous sommes sortis par le même chemin qui nous avait amenés et tout en causant entre nous des impressions éprouvées, nous avons fait, sans nous en apercevoir, à pied, le long trajet qui sépare le Vatican des environs de la gare où se trouve notre pension sacerdotale, traversant ainsi la ville dans toute sa largeur.

VIII

Une Béatification à Saint-Pierre-de-Rome.

Dimanche 19 avril. — C'est aujourd'hui que commence, en la Basilique de Saint-Pierre, la série des Béatifications et des Canonisations qui va se poursuivre jusqu'en juillet. Elle débute par la cause d'un évêque italien, le Bienheureux Antoine-Marie Gianelli, évêque de Bobbio et fondateur d'une congrégation religieuse de femmes qui se destinent aux missions lointaines. Nous avions des billets pour les deux cérémonies du matin et du soir ; rien n'est plus facile que de se les procurer. Le matin, ce fut la lecture du Décret de Béatification et la grand'messe solennelle chantée à l'autel de l'abside ; le soir, le Salut Solennel en présence du Pape. — Dès huit heures du matin, la place Saint-Pierre se garnit de monde, des barrières interdisent l'entrée de la Basilique ; elles sont gardées par les soldats du roi ; vers neuf heures, elles s'ouvrent, le contrôle se fait assez rapidement, la foule s'engouffre dans l'immense vaisseau par les cinq portes latérales, des commissaires nombreux orientent chacun vers la place marquée sur sa feuille d'admission, tout se fait avec beaucoup d'ordre et de régularité ; le flot perpétuel entre et se partage aussitôt en diverses branches ; les bas-côtés, les deux bras du transept, l'abside, tout se remplit ; la nef principale elle-même, dont on n'a gardé libre qu'une assez large allée pour le passage du cortège, regorge de monde. Cependant dix heures sonnent, lès orgues se font entendre, et du fond de la Basilique débouche par la chapelle du très saint Sacrement, le long défilé des clercs, des prêtres, des chanoines, des évêques et des cardinaux qui vont prendre part à l'office sacré, défilé imposant et grandiose, auquel se mêlent çà et là, les officiers civils de la maison du pape, les camériers de cape et d'épée, dans leurs riches et étincelants costumes des âges précédents. Les soldats italiens, prêtant leur bienveillant concours aux gardes pontificaux pour assurer le bon ordre de la cérémonie, se tiennent dans une pose respectueuse et recueillie qui impressionne. Ils ont l'air d'être là plus pour le décor que par nécessité. Le cortège s'avance lentement, remonte toute la grande nef, se partage devant la Confession, et contournant le tombeau du grand apôtre, se rejoint derrière l'autel papal pour pénétrer dans l'abside et prendre la place à chacun assignée. Cependant des milliers de lampes électriques s'allument soudain, c'est un éblouissement de lumières et dans la gloire du Bernin, placée au-dessus de la chaire de saint Pierre, apparaît l'image du Bienheureux, auréolée de toutes parts et visible de tous les points de l'immense édifice. Un cardinal lit le décret de béatification qu'on n'entend pas ; puis la messe commence ; la messe du nouveau saint chantée par une chorale impeccable, qu'accompagne un brillant orchestre. Elle dure une grande heure. L'office achevé, le cortège reprend sa marche en sens inverse, au milieu du silence religieux de la foule, et quand il a disparu, derrière les murs de la chapelle du très saint Sacrement, chacun se retire pour aller déjeuner, il est bien près d'une heure. Nous restons, pour déjeuner, dans une trattoria de la place Rustacucci, et comme nous avons encore quelques heures avant l'office du soir, auquel le Souverain Pontife sera présent, nous en profitons pour faire une petite promenade. Nous nous décidons pour le pont Molle, ancien pont Milvius, sur lè Tibre, à une lieue de là, lieu témoin de la victoire de Constantin le Grand sur son frère Maxence, qui assura son pouvoir suprême et décida sa conversion à la religion catholique· Seule, une inscription sur le pont, rappelle ce grand fait historique. Le paysage est assez gai avec ses collines environnantes.

A notre retour sur la place Saint-Pierre, près d'entrer dans la basilique, je m'aperçois, ô surprise douloureuse! que j'ai perdu ou qu'on m'a soustrait dans la foule immense de la place, ou plutôt non, dans le tramway de la place du Peuple que nous prîmes, bondé, pour le pont Molle, mon portefeuille contenant, outre la bagatelle d'une trentaine de lires italiennes et quelques cartes postales timbrées, toutes prêtes à être envoyées, tous mes papiers civils et religieux ; mon passeport, ma carte d'électeur, mon Célébret J'eus un moment d'angoisse; je fis ma déposition — oh! bien inutile! — au poste de police du quartier, et je me consolai, en me disant qu'après tout, le mal était réparable et que j'avais encore huit jours devant moi pour y remedier. Je m'en occuperai demain tout à l'aise. Pour le moment, rien ne doit me distraire de la belle cérémonie qui va s'accomplir à la Basilique des saints Apôtres. Elle est fixée à 5 heures; dès 4 heures, la foule plus nombreuse encore que le matin s'amasse devant les barrières qui s'ouvrent et se répartit dans l'église suivant la même discipline que le matin. Quand l'heure est venue où le Pape va paraître, tous les yeux se portent vers l'extrémité de la grande nef; on attend anxieusement la minute solennelle. Tout à coup les trompettes d'argent sonnent la marche triomphale, et les notes, tombant claires et limpides de la loggia supérieure, se répercutent à travers la grande Basilique qu'inonde la foule. Le cortège apparaît, plus fourni encore que celui du matin, et tout à l'extrémité le Pape, porté par six hommes vigoureux sur sa « Sedia Gestatoria »; sans effort, on le voit de tous les points, car il domine l'assistance. Alors les mouchoirs s'agitent de toutes parts, les acclamations fusent de tous côtés; on crie dans toutes les langues : Vive le Pape! Vive Pie XI! Et lui, grave, soucieux, esquissant cependant un sourire très discret, il contemple cette foule houleuse, il la bénit, il fait descendre sur elle les grâces d'En-Haut! Cette multitude venue des quatre vents du ciel : ces hommes, ces femmes, ces enfants, ces religieux, ces prêtres, ce sont tous ses enfants, les fils de son âme, de son cœur; ce sont les agneaux de l'immense troupeau que Dieu lui a confié, *pasce agnos meos*. C'est pour lui qu'ils sont venus, pour le voir, pour l'acclamer; tous ne sont peut-être pas des fervents, des purs, ni des humbles, ni des doux, ni des pacifiques, ni des miséricordieux, *beati pauperes, mites, pacifici, misericordes;* mais aucun ne se trouve parmi eux qui soit un persécuteur du Christ, de sa religion, de ses ministres; eh donc! ils ont tous droit à son amour, à sa prière, à sa bénédiction; et il les bénit tous, en les enveloppant dans sa prière pleine de dilection, comme faisait le Christ son Maître, pour les foules qui le suivaient, avides d'entendre sa parole, de voir ses miracles, de contempler ses traits. Rien n'est plus impressionnant, plus prenant, plus émouvant que cette entrée royale du Pape en sa Basilique; le cortège grandiose qui le précède, qui l'encadre, semble s'effacer, disparaître soudain, lui seul devient le point de mire de tous les regards et toutes les pensées s'absorbent en lui. Ce matin on pouvait être tenté de dévisager chacun des Cardinaux qui prenait part au défilé solennel, mais où le Pape n'était pas, et de chercher parmi eux l'Elu de demain; mais ce soir, on oublie tous les Cardinaux pour ne songer qu'à l'Elu d'aujourd'hui, au présent Vicaire du Christ, au successeur bien actuel de l'Apôtre dont les cendres reposent sous le riche baldaquin de marbre, dans la crypte marquée par ces lampes d'or à la flamme rougissante qui jamais ne s'éteint.

Le délire de la foule ne cesse qu'au moment où le Pape, arrivé auprès du maître d'autel, au fond de l'abside, s'est agenouillé pour vénérer le Bienheureux dont son décret vient d'enrichir l'Eglise terrestre. Le Salut du très saint Sacrement a ramené le recueillement sous les voûtes sacrées; toute la multitude, comme autrefois celle de Jérusalem, prie pour le Pontife et avec lui; avec lui, aussi, elle se courbe sous la bénédiction du Maître Souverain, du Christ invisible, mais réellement là, sous les voiles du Sacrement, comme son élu, son représentant, son image vivante est là, sous son vêtement de chair. Le Salut s'achève, le cortège reprend, et reprennent aussi, avec le même enthousiasme, la même ardeur, la même piété affectueuses, les acclamations, les vivats, les cris de triomphe de la foule ravie.

IX

La Cancellaria, le Pincio.

Lundi 20 avril. — J'ai accompagné, ce matin, mon ami au palais de la *Chancellerie*, où il avait à voir un membre de la Commission des Séminaires. C'est un vaste édifice construit de 1486 à 1495 pour le Cardinal Riario, sur les plans d'un architecte toscan; un des plus beaux de ceux de la Renaissance à Rome. Sa façade se compose de blocs de travertin pris au Colisée. On y pénètre par le portail principal, dû à Fontana, et l'on admire aussitôt une cour superbe, entourée de deux étages d'arcades, dont les colonnes, tirées de l'ancienne église Saint-Laurent-in-Damaso, sont antiques et agrémentées de jolis chapiteaux. Un passage intérieur conduit à la nouvelle église *Saint-Laurent-in-Damaso*, construite également par le Cardinal Riario et enrichie de peintures modernes par les Papes Pie VII (1823) et Pie IX (1873). On y voit le tombeau du Comte Rossi, ministre de ce dernier Pontife, assassiné en 1848. La Chancellerie et l'église se trouvent tout près du cours Victor-Emmanuel.

De là nous sommes retournés, à pied, à Saint-Pierre, pour la visite jubilaire; puis nous sommes allés au *Pincio*, voir cette merveilleuse promenade dont j'avais si souvent entendu vanter les charmes. Elle tire son nom du palais qu'y possédait la famille des Pincii, une des plus considérables à la fin de l'Empire romain; là se trouvaient les vastes jardins de Lucullus, où Messaline, femme de Claude, se livra plus tard à ses orgies fameuses. Telle qu'elle existe aujourd'hui, elle est une création de Napoléon Ier, qui en confia le soin au dessinateur Valladier (1809-1814). On jouit de là d'une vue magnifique sur une grande partie de Rome. En dehors, à gauche, s'élève la *Villa Médicis*, devenue depuis 1803 le siège de l'Académie française des Beaux-Arts fondée à Rome par Colbert en l'année 1666. C'est là que travaillent les peintres, sculpteurs, architectes, graveurs et musiciens français qui ont obtenu « le grand prix de Rome ».

Laissant mon camarade, qui d'ailleurs allait quitter la ville le soir même, je suis redescendu par la place d'Espagne où j'ai admiré la Colonne de l'Immaculée, érigée par Pie IX en souvenir de la définition dogmatique de l'année 1854, et continuant mon pèlerinage aux basiliques jubilaires, je suis retourné successivement à Saint-Jean-de-Latran et à Sainte-Marie-Majeure. Tout près de cette dernière, j'ai visité *Sainte-Pudentienne,* bâtie, dit-on, sur l'emplacement même de la maison du sénateur Pudent, qui donna souvent l'hospitalité à saint Pierre; très ancienne, la plus ancienne peut-être des églises de Rome, elle a maintes fois été restaurée, elle possède de belles mosaïques. Celle de *Sainte-Praxède,* sœur de Pudentienne, qui se trouve d'un autre côté de Sainte-Marie-Majeure, mais peu éloignée, est aussi fort intéressante par ses mosaïques et sa précieuse relique de la Colonne de la flagellation (60 à 70 cent. de hauteur); on y remarque un puits dans lequel la sainte cachait les restes des martyrs; on y voit également de vieux sarcophages où sont renfermés les ossements des deux sœurs et les corps de plusieurs confesseurs de la foi.

X

Une Journée dans la Campagne romaine.
La Voie Appienne. — Les Catacombes.

Mardi 21 avril. — C'est aujourd'hui fête et réjouissance populaire; sous le gouvernement fasciste, Rome célèbre pour la première fois le jour prétendu anniversaire de sa fondation par Romulus et Rémus (!) Les édifices sont pavoisés aux couleurs nationales, les tramways garnis de drapeaux, personne ne travaille; on sent l'allégresse et la joie dans tous les cœurs et l'air est parfumé des senteurs d'une vraie concorde entre tous les citoyens. On se rend compte facilement du bien-être et de la paix intérieure que Mussolini, le Duce libérateur, a apportés à ce peuple, fatigué et dégoûté de ses divisions passées et heureux de vivre sous son joug bienfaisant. Je note ici, en passant, une impression que j'ai ressentie dans toute l'Italie. Quoi qu'en puissent dire et écrire nos journalistes politicards et socialistes de France, Mussolini, le dictateur venu au moment opportun, est aimé de la grande majorité des Italiens, on le considère comme le sauveur de son pays.

Rome est en fête, tous les monuments sont fermés pour permettre aux gardiens de se reposer et de jouir de l'allégresse commune; aussi je vais la quitter pour cette journée et goûter à mon aise les charmes de la *Campagne romaine*. Pour beaucoup de personnes, il semble y avoir contradiction entre ces mots, charmes et campagne romaine; on a dit et écrit tant de mal de la campagne romaine, on a si longtemps parlé de ses miasmes, de ses fièvres, de sa « malaria », de ses bandits aussi et des détrousseurs qu'on rencontre sur ses routes. Tout cela est aujourd'hui du passé ou de la légende. Sans doute la campagne de Rome n'a pas la grâce, la beauté des environs de Paris ou de Londres, elle n'a pas leurs vastes agglomérations et leurs riches villas, mais elle a, pour nous, vieux humanistes épris d'histoire ancienne et de littérature, les charmes incomparables de ses souvenirs classiques. Elle est belle, impressionnante avec ses voies anciennes bordées de tombeaux, la voie Appienne, la voie Flaminienne, la voie Nomentane; avec les restes imposants de ses grands aqueducs, de ses vastes cirques, de ses colombariums, avec ses Catacombes qui s'ouvrent sur des vignes anciennes, avec ses temples en ruine disséminés dans la plaine; avec, en un mot, tous les vestiges sacrés qu'elle nous a conservés des Romains d'autrefois.

J'ai pris le tramway jusqu'à Saint-Paul-hors-les-Murs, et m'enfonçant, près de là, dans le *Chemin-des-Sept-Eglises*, j'ai suivi la route poudreuse qui mène aux Catacombes de Sainte-Domitille d'abord, puis sur la voie Appienne, à celles de Saint-Callixte et de Saint-Sébastien.

Je ne veux pas faire ici l'historique des *Catacombes* ou Cœmeteria, dans lesquelles les Romains enterraient leurs morts (il leur était défendu de faire ces inhumations dans l'intérieur de la ville), et qui devinrent avec les premiers chrétiens des lieux de prières et de culte, en même temps qu'elles furent les cimetières où ils déposaient leurs membres défunts, martyrs ou autres. Les plus anciennes remontent au Ier siècle de notre ère et les dernières datent du IVme. Pillées, fouillées, dévastées du Vme au VIIme siècle par les barbares avides d'or, de marbre et d'ossements qu'ils revendaient comme reliques, elles furent ensuite protégées par les Papes Adrien I et Léon III (772-816); un grand nombre des corps des martyrs furent transférés de là dans les églises de la ville, et spécialement au Panthéon. Puis, durant tout le Moyen Age, ces catacombes furent de nouveau délaissées, oubliées; leurs traces furent complètement perdues. Retrouvées par hasard au XVIme siècle, elles devinrent l'objet d'études nouvelles, entreprises spécialement par le clergé; mais c'est surtout au XIXme siècle que la Rome souterraine fut, si je puis employer cette expression, remise au jour, grâce aux travaux intelligents de M. de Rossi et de ses disciples.

Je visitai donc ce jour-là les *Catacombes de Sainte-Domitille* et celles de *Saint-Callixte*. Celles de Sainte-Domitille sont parmi les plus anciennes, très riches en inscriptions; quelques peintures païennes qui se transforment déjà en sujets chrétiens, des Génies qui s'allient à des Bons Pasteurs, à des Prophètes. Domitille était de la famille impériale des Flaviens; ses deux esclaves, Nérée et Achillée, martyrisés pour la foi, apparaissent en des bas-reliefs d'une antique basilique, découverte en cet endroit en 1875, et intéressante à étudier. Les *Catacombes de Saint-Callixte* sont plus grandioses, mieux dégagées, plus complètes, mais non plus dignes d'intérêt. Elles sont gardées et montrées par les R. P. Trappistes qui les font visiter intelligemment. On descend, tout d'abord, à la crypte des Papes, saint Antère, saint Luce, saint Fabien, saint Eutychien. Saint Sixte en a été retiré; puis l'on rencontre l'endroit où fut longtemps le tombeau de sainte Cécile; la sépulture du pape saint Eusèbe, enfin les longues et étroites galeries, toutes garnies de niches (loculi), dans lesquelles étaient déposés les corps des chrétiens; les unes sont ouvertes et laissent apercevoir encore quelques ossements, d'autres sont fermés par l'apposition d'un couvercle de marbre, portant des inscriptions diverses en latin ou en grec; de temps à autre, quelques rond-points qui durent être des chapelles; et comme décoration, les sujets qu'on retrouve dans toutes les catacombes chrétiennes, le monogramme du Christ, ☧, le poisson (ἰχθὺς), des scènes de la Bible, Abraham immolant Isaac, Noé dans l'arche, les trois Hébreux dans la fournaise, Daniel dans la fosse aux lions, la Vierge et l'Enfant, l'Adoration des Mages, etc. De petites lampes à huile, faites de pierre, et toutes du même style, se rencontrent encore, accrochées aux murs, mais, au lieu d'huile, elles contiennent aujourd'hui des ampoules électriques; car la plupart des Catacombes sont éclairées à l'électricité, ce qui ne dispense pas les visiteurs de se munir d'une bougie pour examiner plus attentivement les parois restées sombres.

Après avoir visité ces deux Catacombes, j'ai poursuivi ma route sur la *voie Appienne*, à l'heure de midi, quand elle était plus solitaire et silencieuse ; je suis entré en passant dans l'église Saint-Sébastien, mais n'en ai pas vu les catacombes, puis j'ai longé quelque temps, rêveur et pensif, cette voie si pleine du souvenir des triomphateurs romains. C'est là même qu'ils passaient, chargés du butin de leurs ennemis, traînant derrière leur char des rois, des chefs de peuples, des généraux vaincus ; précédés et suivis d'une foule en délire, venue de Rome pour grossir leur cortège déjà imposant, et acclamer leurs noms vainqueurs. Je les suivrai tout à l'heure, à mon retour, entrant dans la ville par la porte encore debout et s'avançant orgueilleusement jusqu'au Capitole. Pour l'instant je continue de m'éloigner de Rome, en remontant l'illustre voie triomphale ; je passe devant le *Cirque de Maxence*, destiné aux courses de chars. Il a 482m de long sur 79 de large et pouvait contenir dix-huit mille spectateurs, assis sur dix gradins ; les chars faisaient sept fois le tour du cirque. Puis je rencontre le *tombeau de Cécilia Métella*, qui apparaît plutôt comme une forteresse que comme un sépulcre. C'est une construction ronde de 20m de diamètre, avec une frise de guirlandes de fleurs et de bucrânes qui ont fait donner au monument le nom de Capo di Bove ; sur une plaque de marbre du côté de la route, l'inscription latine : *Cæciliæ Q. Cretici F(iliæ) Metellæ Crassi ;* la défunte était fille de Metellus Creticus et femme de Crassus le J., fils du triumvir, lieutenant de César dans la guerre des Gaules. La construction est du temps d'Auguste ; elle devint effectivement une forteresse au Moyen Age.

Plus loin, sur la voie Appienne, s'alignent des tombeaux, aujourd'hui à demi ruinés, mais encore impressionnants, avec leurs bas-reliefs et leurs inscriptions. A gauche, dans la plaine où je m'assieds un moment, les arcades grandioses de l'*Acqua Marcia* et de l'*Acqua Claudia*. Je jette un dernier regard sur le profil lointain de la voie des Appius, qui semble se perdre à l'infini, et rebroussant chemin, je reviens vers la ville dont je ne suis distant, d'ailleurs, que de trois à quatre kilomètres. Je repasse devant les Catacombes Saint-Callixte, longe celle des Juifs, laisse à gauche quelques columbaria, arrive à la petite chapelle du *Quo Vadis*, que je trouve fermée (on en connaît la légende), et franchis enfin la *porte Saint-Sébastien*, autrefois porte Appienne, curieuse avec ses blocs de marbre et ses créneaux du Moyen Age. Je suis de nouveau dans Rome ; la voie perd de son charme, bordée qu'elle se trouve de hautes murailles qui enserrent la vue. Je vois à gauche encore le *tombeau des Scipions* qui me rappelle un beau livre que j'ai lu autrefois, sans avoir jamais pu le retrouver depuis : *Le Notti romane al sepolcro dei Scipioni*. Ce tombeau ne vous dit plus rien, il se présente mal. A droite *Saint-Césaire*, église très souvent fermée, plus loin *Saint-Nérée* et *Saint-Achillée, Saint-Sixte;* les ruines immenses des *Thermes de Caracalla*, dits aussi d'Antonin (seize cents sièges de bain en marbre, dimensions 200m long., 114m larg.; *tepidarium, caldarium, frigidarium ou piscina)*. J'arrive enfin, par les jardins qui relient les monts Aventin, Célius et Palatin au plus beau monument de la Rome ancienne, le *Colisée*.

XI

Le Colisée.

Il est bâti sur l'emplacement des Jardins de Néron, non loin de la voie Sacrée; c'est l'empereur Vespasien qui en ordonna la construction; Titus en vit l'achèvement, et il fut inauguré par des jeux qui durèrent cent jours et coûtèrent la vie à cinq mille bêtes féroces. Incendié en partie sous Macrin, en l'an 217, il fut entièrement restauré sous Alexandre Sévère, vit de grandes fêtes sous l'empereur Philippe, en 248, en l'honneur du premier millénaire de la fondation de Rome, et fut très souvent témoin du martyre des chrétiens livrés par milliers à la férocité des bêtes pour le plaisir du peuple romain. Il devait avoir comme dimensions 524m de circonférence, 187m de grand axe, 155m de petit et une hauteur de 48m50; quatre étages que l'on voit encore, du côté N.-E., une arène de 85m75 sur 53m60, et son intérieur offrait de quarante à cinquante mille places. On y donnait des combats de gladiateurs, des courses de chars et des fêtes nautiques. Le Colisée, le plus grand de tous les théâtres, s'abîma et se réduisit aux dimensions actuelles entre le VIIIme et le XIVme siècle, à cause, sans doute, des tremblements de terre.

De ses démolitions on prit des matériaux de construction pour beaucoup d'églises et de palais. Paul II y prit ceux du palais de Venise; le Cardinal Riario, nous l'avons dit, ceux de la Chancellerie. Paul III, ceux du palais Farnèse et Clément XI, ceux du quai de la Ripetta. Benoit XIV, au XVIIIme siècle prit l'édifice sous sa protection en le consacrant à la Passion de Notre-Seigneur et les Pontifes du XIXme siècle, Pie VII, Léon XII et Grégoire XVI le firent étayer par de nombreux arcs-boutants. L'arène a été déblayée en partie en 1871, et continue depuis de l'être. Tel qu'il subsiste après dix-neuf siècles bientôt d'existence, le Colisée, *Colosseum*, en impose encore souverainement; on est étonné, muet, devant de telles ruines, on ne peut s'empêcher d'admirer ce vaste génie romain qui n'épargnait rien de ce qui devait assurer l'immortalité à ses œuvres, qui travaillait toujours pour l'éternité. Et puis instinctivement l'on pense à ces chrétiens des premiers âges qui, après avoir sans doute travaillé comme esclaves à cette construction gigantesque, ont ensuite donné si généreusement leur sang à la cause du Christ devant ces fiers, cruels, et libidineux Romains que leur mort finirait un jour par amener au culte du vrai Dieu, *sanguis martyrum, semen christianorum.* Devant ces ruines, l'âme monte naturellement vers Dieu, ce Dieu pour le Nom duquel sont tombées là, sur l'arène que foule notre pied, tant de généreuses, pures et nobles victimes. Je ne sache pas qu'aucun autre monument des deux Romes, la Rome païenne et la Rome chrétienne, celle des Césars et celle des Papes n'évoque en notre esprit des impressions plus fortes, un souvenir plus prenant et plus durable.

Cette journée si bien remplie du 21 avril s'acheva pour moi dans une fervente prière, à Sainte-Marie-Majeure, pour l'Église du Christ, pour son Pontife bien-aimé, pour tous les fidèles, héritiers des exemples et participants des mérites de tous les saints dont j'ai retrouvé les souvenirs dans les Catacombes et au Colisée.

XII

Deux démarches nécessaires — Promenade sur la Voie Nomentane. — Sainte-Agnès-hors-les-Murs. — Le Mont Sacré.

Mercredi 22 avril. — J'ai revu ce matin Mgr Fourrier-Bonnard, le recteur de la Chapelle Saint-Nicolas-des-Lorrains, mon ami. Il m'a remis un mot de recommandation pour le Consul de France qu'il connaît particulièrement, lui a exposé mon cas, comment j'ai perdu mon portefeuille et mes papiers; et grâce à cette intervention, quand je me suis présenté au palais Farnèze, pour demander un nouveau passeport, je l'ai obtenu tout de suite et sans difficulté. Je me suis rendu ensuite au Vicariat de Sa Sainteté, où l'on m'a donné un nouveau Celebret pour pouvoir dire ma messe à Rome, mais il m'a valu pour tout le reste de mon voyage; vous comprenez, un certificat aux armes du Souverain Pontife, au cachet du Cardinal-Vicaire, c'est le meilleur des certificats ! Cette après-midi. j'ai fait la *voie Nomentane*. Je suis allé par la *Porta Pia* jusqu'à la Basilique de Sainte-Agnès-hors-les-Murs et au Monte Sacro.

La voie Nomentane, dès qu'on a passé la Porta Pia, s'ouvre large, spacieuse, aérée, c'est la plus belle qui soit hors des Murs; de hautes et riches maisons bourgeoises, des magasins, des villas seigneuriales, des parcs magnifiques. A deux kilomètres on rencontre, sur la droite, *l'église Sainte-Agnès*. Fondée par Constantin sur le tombeau de la sainte, elle fut rebâtie par Honorius Ier au VIIme siècle, restaurée une première fois en 1479 par Jules II, une seconde à notre époque par Pie IX. Elle conserve en grande partie son caractère d'ancienne basilique chrétienne. L'intérieur est divisé en trois nefs par seize colonnes antiques; au-dessus des arcades et du côté de l'entrée se trouvent des tribunes avec des colonnes plus petites, un joli baldaquin, une statue de Sainte-Agnès en albâtre. Dans l'abside, des mosaïques du VIIme siècle et un ancien trône épiscopal. De l'église on va directement aux Catacombes qui ont leur caractère propre, aucune peinture, mais conservation de l'état primitif.

A deux kilomètres plus loin, on traverse l'Anio, appelé aussi le Teverone; la vue est jolie sur les montagnes du fond; à gauche de la route, un vieux pont qui porte des fortifications du Moyen Age; sur la rive droite, une osteria au pied d'une petite colline regardée comme le *Mons Sacer* où se retirèrent les plébéiens en 494 avant Jésus-Christ pour échapper à la tyrannie des nobles, (apologue de Ménénius Agrippa : les membres et l'estomac). Tout un pays se construit derrière le pont, jolie église, grande poste, école spacieuse; c'est encore jusqu'ici territoire de la ville....

XIII

La dernière Journée à Rome.
Quelques églises : La Minerve. Le Gésu. Le Panthéon. L'Ara-Cœli.

Jeudi 23 avril. — Mon séjour à Rome touche à sa fin; c'est la dernière journée complète que j'y dois passer, et j'ai encore beaucoup à voir. De très bonne heure, je suis à Saint-Pierre; le Pape vient d'y dire la messe devant vingt mille pèlerins italiens; il leur a parlé. J'arrive sur la place peu après la fin de l'office; elle est noire de monde; les soutanes, même les violettes y sont nombreuses; tous les visages sont épanouis; on sent la joie des enfants qui ont vu leur Père et ont été bénis par lui. J'entre dans la Basilique pour y faire ma prière à la Confession et continuer mon jubilé; c'est ma dernière visite au sanctuaire des Apôtres, je suis ému et attristé. Du Vatican, je descends par le Borgo et le pont Saint-Ange, vers la *place Navone;* c'est un des beaux quartiers de la ville; les églises y sont très nombreuses et toujours très belles; c'est *Sainte-Agnès,* derrière la grande fontaine du Cirque agonal qui représente les grands fleuves du monde; ce sont *Saint-Jacques* des Espagnols, ou l'église des R. P. Missionnaires du Sacré-Cœur, d'Issoudun; *Sainte-Marie-dell'Anima.* qui appartient aux Allemands et aux Hollandais; *Sainte-Marie-de-la-Paix, Saint-Louis-des-Français,* notre église nationale, *Saint-Augustin, Saint-André-de-la-Vallée;* j'en visite rapidement quelques-unes; on ne peut les voir toutes à Rome; elles sont plus de quatre cents. Je réserve un peu plus de temps et d'attention à la Minerve et au Gésu, églises principales des Dominicains et des Jésuites, et au Panthéon, l'ancienne église de tous les Saints.

Sainte-Marie-de-la-Minerve, qui doit son nom aux ruines du temple de Minerve sur lesquelles elle a été construite est la seule église gothique de l'ancienne Rome. Elle a dû être commencée vers 1280; elle a été restaurée et repeinte au début du pontificat de Pie IX. Elle a trois nefs et renferme des œuvres d'art de premier ordre et en grand nombre. Beaucoup de tombeaux de personnages qui furent célèbres en leur temps, aujourd'hui bien oubliés; des monuments en l'honneur de deux Médicis : Léon X et Clément VII; la pierre tombale du savant Cardinal Bembo. Le maître-autel contient les reliques de sainte Catherine de Sienne. La chapelle à gauche du chœur renferme la pierre tumulaire de Fra Giovanni Angelico da Fiesole, le peintre si pur et si idéaliste, dont je retrouverai le souvenir et les œuvres à Florence. Un passage, partant de là, mène à l'église Saint-Ignace et au collège Romain. Je le prends, mais pour me rendre, par un détour, au Gésu.

Le Gésu, église principale des Jésuites, possède une façade qui est parmi les plus riches et les plus magnifiques de Rome. L'intérieur est d'une richesse inouïe; des ors, des peintures, des sculptures splendides; il n'est pas un endroit, si petit soit-il, qui n'offre au regard quelque chose à admirer; on dirait presque que c'est trop de richesses et de beautés accumulées en un seul lieu. J'ai admiré surtout le tombeau du Cardinal Bellarmin avec les figures de la Religion et de la Foi, en bas-relief, le tombeau du P. Pignatel'i, avec la Charité et l'Espérance; le monument de Saint-Ignace avec ses colonnes de lapis-lazuli et son globe de même pierre précieuse; dessous l'autel le cercueil de bronze doré qui renferme les ossements du Saint. Des deux côtés des groupes de marbre représentant, à droite, la Religion qui terrifie les hérétiques; à gauche, la Foi, qui présente le calice et l'hostie à l'adoration d'un roi païen. Je citerai aussi l'autel de Saint-François-Xavier.

Toujours dans le même quartier, mais plus près de la Minerve, se trouve le *Panthéon* qui mérite, certes, une mention toute spéciale, car c'est le seul temple antique de Rome qui soit parfaitement conservé, le seul dont les murs et la voûte existent intacts. La fondation en remonte au temps même d'Auguste, et elle est due à son gendre Agrippa qui consacra cet édifice probablement aux sept divinités planétaires : Apollon, Mercure, Vénus, Diane, Mars, Jupiter et Saturne, car on y voit sept emplacemeuts de chapelles. Il fut frappé de la foudre sous Trajan, et rebâti par Adrien; Septime Sévère et Caracalla le firent restaurer, et après la chute du paganisme, il demeura vide; mais Boniface IV, en l'an 609, le consacra comme église à tous les saints et il porte aujourd'hui le nom de S. Maria Rotonda. Le Moyen Age le considéra comme le joyau de la ville et chaque sénateur devait, au XIIIme siècle, jurer au pape de le défendre, au même titre que Saint-

Pierre, la Cité Léonine, le Transtevère, l'Ile du Tibre et le château Saint-Ange.

Le portique a 33m50 de largeur sur 13m de profondeur, et se compose de seize colonnes corinthiennes de granit de 12m50 de haut et 4m50 de circonférence. Il porte l'inscription modernisée : « *M. Agrippa, consul tertium fecit.* » L'intérieur est éclairé uniquement par l'ouverture au centre de la coupole, et l'effet en est magnifique. La hauteur et le diamètre de cette coupole mesurent 43m40. Le pavé est en granit, en porphyre et en marbre précieux. Les sept niches des divinités planétaires sont converties en autels de Saints, ou en tombeaux; ceux de la famille royale actuelle, Victor Emmanuel II et Humbert Ier; celui du grand peintre Raphaël avec l'inscription latine :

Ille hic est Raphaël, timuit quo sospite vinci
Rerum magna parens et moriente mori.

Traduite en italien : *Questi è quel Rafaël, cui vivo vinta — Esser temea Natura, e morto estinta.* (Ci-gît ce Raphaël qui vivant fit craindre à la Nature d'être vaincue, et mort, lui fit craindre de mourir elle-même). D'autres artistes célèbres sont encore inhumés au Panthéon.

Continuant ma course trop rapide — mais les heures sont désormais comptées et je ne verrai pas encore tout ce que Rome renferme de richesses, il faudrait pour cela y passer des mois, des années — je me dirige du Gésu vers le Capitole qui déjà s'entrevoit. Mais que de merveilles encore à admirer, l'Ara-Cœli, le Capitole, le Forum romain, les Arcs de Titus, de Vespasien, de Constantin !

L'*Ara-Cœli*, ancienne Sainte-Marie-du-Capitole, bâtie sur les ruines du temple de Junon Moneta, est une église fort curieuse. On y accède par un escalier en pierre de plus de cent vingt marches. Elle a trois nefs, dont la principale possède vingt-deux colonnes antiques, pour la plupart en granit et variant de style, de grosseur et de hauteur. Le plafond a été peint richement en l'honneur de la victoire de Lépante. Beaucoup de tombeaux et de monuments funèbres; une belle chapelle, appelée chapelle Sainte ou chapelle Sainte-Hélène, avec un baldaquin formé de huit colonnes, et sous l'autel, dans une cuve de porphyre, les restes de la Sainte. Statues colossales de Paul III, de Grégoire XIII, de Léon X. C'est dans cette église que se vénère le « *Santo Bambino* » tant aimé des Romains, qui porte sur lui, en vêtements et en pierreries, toute une fortune.

XIV

Le Capitole et le Forum.

Tout près de l'Ara-Cœli se trouve le *Capitole;* nous allons entrer en plein cœur de la Rome antique. Pour y monter, car il est de la même hauteur que l'église dont il vient d'être question, est un escalier à cordons « cordonata », aux degrés larges et peu élevés. Au pied de cet escalier imposant, des *lions égyptiens*, en haut les *Dioscures*, avec leurs chevaux trouvés près du théâtre de Balbus. A gauche, un jardin avec une statue de Colas di Rienzo, archéologue célèbre et auteur des recherches faites en ce lieu; et près de l'escalier, la cage de la louve et de ses petits, qu'on élève en souvenir de la fondation légendaire de la ville et de l'allaitement de Romulus et de Rémus, comme on garde à Berne des ours vivants qui rappellent le nom même de la capitale des Helvètes, *beren.*

La place du Capitole, piazza di Campidoglio, telle que nous la voyons aujourd'hui, a été faite d'après les plans de Michel-Ange; le grand artiste a fait seulement placer la statue de Marc-Aurèle et construire la montée et l'escalier devant le palais du Sénat. Cette statue de Marc-Aurèle attire particulièrement l'attention; elle est en bronze et fut autrefois dorée; placée sur un beau piédestal, elle peut facilement être examinée dans tous ses détails. On ne sait pas la place qu'elle occupait dans la Rome impériale; au Moyen Age, elle se trouvait sur la place du Palais-de-Latran, elle est au Capitole depuis 1538.

Le palais du Sénat dont il est question pour la première fois en 1150, a été restauré en 1300 et complété en 1389 par Boniface IX. La façade actuelle a été construite sur les données de Michel-Ange; le perron est du maître lui-même; on y voit de chaque côté deux fleuves personnifiés, le Tibre et le Nil; au milieu une fontaine avec une statue assise de Rome, beaucoup trop petite pour la place où Michel-Ange voulait mettre un Jupiter colossal. Ce palais du Sénat est aujourd'hui un merveilleux musée; il l'est d'ailleurs depuis près de deux siècles ; il a été fondé sous Clément XII qui régna de 1730 à 1740.

Près du Capitole j'ai bien cherché la roche Tarpéienne, mais ne l'ai pas trouvée ; seul, le nom de la rue du Mont-Tarpée m'a fait penser qu'elle devait être dans ces parages ; le sol a été par le temps trop exhaussé, pour qu'on puisse retrouver cette roche fameuse d'où l'on précipitait autrefois les condamnés à mort.

Le *Forum romain*, appelé ainsi pour n'être pas confondu avec le forum Trajan et celui des Empereurs, est ce qui nous reste de la fameuse place où se passaient les affaires de la République romaine. L'histoire en fait mention dès les premiers temps de la fondation de la ville, et nous y retrouvons associés tous les grands actes de la vie publique à Rome. Il constitue tout un ensemble de ruines très intéressantes ; celles qui ont échappé au vandalisme et à l'incurie des nobles du Moyen Age. Du XIIIme au XVme siècle le forum se couvrit de décombres qui s'amoncelèrent par endroits jusqu'à 13^m au-dessus du pavé antique ; tout fut enseveli, et la place devint un champ désert où venaient se fixer les attelages de bœufs et de buffles des paysans qui couchaient là ; le nom même, si auguste de forum, s'oublia, et le terrain nouveau s'appela le Champ-aux-Vaches, *campo vaccino !* Quelle tristesse, quelle profanation sacrilège ! Ce n'est qu'à notre époque, au XIXme siècle, à partir de 1803 jusqu'à nos jours, qu'on fit des fouilles sérieuses pour remettre au jour ces ruines si vénérables, qu'on déblaya intelligemment ce lieu consacré par l'histoire ; qu'on fit réapparaître l'arc de triomphe de Septime Sévère (1803-1809), la colonne de Phocas, le « clivus capitolinus » avec ses temples ; puis la Basilique Julia (1835-1848), la nécropole archaïque près du temple de Faustine (1902), la Basilique Emilienne, le temple d'Auguste, etc., etc. Et les fouilles continuent toujours. Pour avoir une très belle vue du Forum, il faut descendre de la place du Capitole par la via del Campidoglio, à droite du palais du Sénat, et pour bien se rendre compte des ruines, il faut descendre dans le Forum lui-même (prendre son billet au guichet d'entrée) et le visiter dans toutes ses parties ; des ciceroni vous conduisent, mais à leur défaut, vous avez votre guide Bedecker ou tout autre. Vous voyez alors le Portique des Douze-Dieux, le temple de Vespasien, le temple de la Concorde, la Basilique Julia, le temple de Saturne, les Rostres, la colonne de Phocas, l'arc de triomphe de Septime Sévère, la Basilique Emilienne, le temple de César, le temple de Castor et Pollux, le temple de Faustine, etc. La voie Sacrée passait au milieu du Forum pour aboutir au Capitole. Le forum de Trajan et celui des Empereurs, aujourd'hui séparés du forum antique par diverses rues, ne devaient former, au temps des Césars, qu'un seul tout. C'étaient d'ailleurs le centre et le cœur même de la ville. Tout autour du Forum romanum on voit des églises, dont plusieurs sont bâties sur l'emplacement ou sur les ruines mêmes des temples païens. Citons au hasard Saint-Côme et Saint-Damien, Sainte-Françoise-Romaine, Saint-Sébastien alla Polveriera, Sainte-Martine-et-Saint-Luc, Saint-Adrien. Près de la fameuse *colonne Trajane*, toute en marbre et qui mesure 33m de haut et 3m60 de diamètre, un vrai chef-d'œuvre de sculpture, que surmonte aujourd'hui la statue de Saint-Pierre, se trouvent encore deux autres églises : Saint-Nom-de-Marie, et Sainte-Marie-de-Lorette.

L'étude des différents forums, où se concentrait toute l'histoire de la Rome antique, demanderait un long séjour dans la ville ; on ne peut en quelques jours ne s'en faire qu'une idée générale. Et il y aurait encore à examiner et à étudier tout à loisir les autres ruines très importantes, par exemple les thermes de Dioclétien, près de la gare, dans lesquels se trouve enclose la belle église de Sainte-Marie-des-Anges, le palais d'Auguste ou des Flaviens, *domus Augustimana, domus Flavia*, sur le Palatin, ainsi que la maison de Livie, *domus Liviæ*, etc. C'est un vrai charme, dans cette Rome moderne, qui ressemble à toutes les grandes villes actuelles, de retrouver à chaque pas que l'on fait ces vestiges sacrés et vénérables de notre Rome classique ; je dis notre, parce qu'elle n'est pas l'apanage d'un peuple, mais le trésor de l'humanité toute entière, et nos études d'autrefois nous donnent le droit, je pense, de nous considérer comme chez nous au pays des Cicéron, des Virgile, des Horace, des Tite-Live. N'est-ce pas leur langue qui a fait la nôtre, leur génie qui a formé notre génie national ? Ne sommes-nous pas les fils des Latins, au même titre que les Romains et les Italiens d'aujourd'hui ? Et Rome, enfin, n'est-elle pas notre Mère, *magna Parens !* Les Italiens que j'ai trouvés si accueillants pendant tout mon voyage à travers leur incomparable pays, ne m'en voudront pas, je l'espère, de porter ce jugement.

XV

Promenade sur la Voie Tiburtine Saint-Laurent-hors-les-Murs et le *Campo Verano.*

Il me reste à décrire, pour achever cette journée bien remplie, du 23 avril, ce que j'ai remarqué, aux dernières heures, sur l'ancienne route de Tibur (aujourd'hui Tivoli), via Tiburtina, qui conduit à Saint-Laurent-hors-les-Murs et au Campo Verano. Elle est, comme les voies Nomentane et Salaria, bordée de hautes maisons neuves : Rome s'accroît toujours et se dilate dans sa plaine immense ; au loin se détachent en lignes bleuâtres les montagnes de la Sabine.

Saint-Laurent-hors-les-Murs est une basilique qui a remplacé une église construite par Constantin le Grand sur les tombeaux de saint Laurent et de sainte Cyriaque. Elle a été bien des fois depuis modifiée, changée même complètement dans son orientation. Pie IX, qui l'a choisie pour le lieu de sa sépulture, en fit faire une restauration complète qui dura de 1864 à 1870. C'est une église patriarcale et l'une des « sept églises de Rome » que visitent les pèlerins.

L'intérieur est divisé en deux parties, qui forment comme deux églises d'inégale hauteur. La plus grande a trois nefs, avec vingt-deux colonnes antiques en granit et en cipolin, sur lesquelles repose directement l'entablement droit ; le mur au-dessus est orné de belles fresques représentant à droite les scènes de la vie de saint Laurent, à gauche les scènes de l'histoire de saint Etienne ; car les deux saints diacres sont associés là dans un même culte, leurs ossements gisent côte à côte. La voûte en bois est décorée de peintures récentes ; le pavé est du XIIIme siècle ; dans la nef du milieu, on voit deux ambons très anciens, un pour l'épître, l'autre pour l'évangile. Au bout du bas-côté un escalier de treize marches descend à une chapelle et aux catacombes. L'autre église, dont le pavé est d'environ trois mètres plus bas, rappelle l'œuvre de Pélage II au VIme siècle ; elle a également trois nefs et est dans le style de Sainte-Agnès-hors-les-Murs ; douze superbes colonnes cannelées en pavonazetto, avec des chapiteaux corinthiens. Ces colonnes supportent une architrave composée de fragments antiques et des tribunes avec d'élégantes colonnes plus petites, surmontées d'arcades. L'arc principal est décoré de mosaïques du temps de Pélage II. Au fond de la nef, dans le vestibule de l'église primitive, vestibule richement décoré de mosaïques, se trouve le *tombeau de Pie IX*, d'une étonnante simplicité — le saint Pontife l'avait voulu ainsi — un sarcophage de marbre dans une niche peinte dans le genre des Catacombes et entouré d'une grille de fer. Je me suis arrêté un moment et j'ai prié devant les restes vénérés de Pie IX, comme j'ai prié sur la tombe de son deuxième successeur, en la crypte de Saint-Pierre. Pie IX et Pie X, quels noms de grands et saints Pontifes, dans les temps difficiles que traverse l'Eglise, depuis plus d'un demi siècle?

Près de la Basilique est l'entrée du *Campo Verano*, vaste cimetière établi en 1837 et bien souvent agrandi depuis. J'ai visité cette immense nécropole qui, comme tous les cimetières d'Italie, abondent en monuments merveilleux, dûs au génie de ce peuple d'artistes, d'une part, et de l'autre à l'abondance, à la variété et à la richesse des marbres italiens. Celui-ci possède à l'entrée quatre statues colossales assises : le Silence, la Charité, l'Espérance et la Méditation, avec une inscription biblique qui rappelle la croyance consolatrice en la résurrection finale des corps. Parmi les plus beaux monuments, j'ai admiré celui qui a été érigé sur la hauteur, à gauche, du côté de la voie Tiburtine, aux héros de la bataille de Mentana, aux glorieux soldats du Pape, qui, avec le secours des troupes françaises, battirent et repoussèrent Garibaldi, le 3 novembre 1867. Une inscription sacrilège et outrageante y avait été accolée, en un temps, qui n'est pas éloigné, mais la sagesse d'un gouvernement moins sectaire l'a fait enlever. Car honneur reste dû à ceux qui ont généreusement donné leur sang pour la cause de l'Eglise et de son Chef persécuté et dépossédé de ses Etats séculaires !

XVI

Dernière tournée. — Saint-Pierre-ès-Liens. La fontaine de Trévi. — Le Quirinal.

Vendredi 24 avril. — C'est ma dernière matinée à Rome ; il me la faut bien remplir, et m'imprégner encore davantage l'esprit et le cœur de ces fortes émotions qu'on éprouve en cette ville admirable. Je veux faire à pied, pour en mieux jouir, un dernier tour. Et je m'en vais directement à *Saint-Pierre-ès-Liens* que je n'ai pas encore eu l'occasion de visiter. Certes ce serait péché que de quitter Rome sans voir cette église, où deux choses surtout attirent et retiennent le pèlerin et le touriste; une chose sainte et vénérable, les chaînes mêmes du grand apôtre Pierre; une œuvre d'art incomparable, le Moïse du Michel-Ange. Saint-Pierre-ès-Liens, qu'on appelle aussi Basilique eudoxienne, car elle fut construite en 442 par Eudoxie, femme de Valentinien III a été, comme toutes les vieilles églises de Rome, maintes fois restaurée. Le porche, qui date de la première Renaissance, est une fondation des Rovères qui longtemps ont porté le titre de « cardinal de Saint-Pierre-ès-Liens. » Cette église a trois nefs avec vingt colonnes antiques, elle possède quelques tombeaux remarquables, celui de deux artistes florentins, Pierre et Antoine Pallaiuolo, celui du savant Cardinal Nicolas de Cura, un lorrain; celui de Jules II, dans lequel d'ailleurs ne se trouvent pas ses restes, puisqu'il fut enseveli à Saint-Pierre-du-Vatican, avec Sixte IV son parent, mais qui reste célèbre par la fameuse statue de Moïse qui figure au bas. Michel-Ange est sinon l'auteur, du moins l'inspirateur du monument tout entier; il en a ordonné l'arrangement général; de sa main géniale sont sorties les statues de Rachel, à gauche, et de Léa, à droite, symboles de la vie contemplative et de la vie active, et celle du puissant Moïse, dont personne n'ignore les traits. C'est la figure colossale du Législateur des Hébreux, assis, mais sur le point de se lever dans son indignation contre le peuple d'Israël qui vient encore d'offenser Dieu; il semble prêt à lancer la foudre; son œil étincelle, il se contient cependant, il pense, réfléchit, se replie tout en lui-même; de sa main droite, il caresse ou retient la longue barbe qui ondule presque jusqu'aux genoux; de sa gauche, il paraît en arrêter le flot; une chevelure frisée encadre son beau visage que décorent au front deux cornes symboliques, deux rayons de lumière, deux jets de flamme.

De Saint-Pierre-aux-Liens, je redescends au Colisée, pour le revoir une fois encore, longe le forum romain, et par la via di Marforio arrive au monument Victor-Emmanuel, qui est le plus riche des édifices nouvellement construits à Rome. Je m'engage alors dans le magnifique Corso Humberto, ancienne voie flaminienne, que je remonte jusqu'à la place

Colonna, dont j'admire en passant la superbe ordonnance, puis tournant à l'est, je cherche et rencontre la *fontaine de Trévi*. Rome a de très belles fontaines qui fournissent en abondance les eaux des monts Albains, la fontaine de l'Aqua Felice, près des Thermes de Dioclétien, celle des Tortues près du palais Mattei, celle du Bernin sur la place Navone, celle du Triton sur la place Barberini, et d'autres encore, mais la plus belle de toutes est celle de Trévi, adossée à l'extrémité du palais Poli. Elle est faite d'après un dessin du Bernin. La niche du milieu renferme la statue de Neptune, celle de droite, la Santé, celle de gauche, la Fécondité; devant se trouve un grand bassin de pierre. L'eau jaillit pure, limpide, chantante, de gros rochers qui s'entremêlent et dont l'ensemble forme un coup d'œil ravissant. C'est l'antique aqueduc d'Aqua-Virgo, qui débouche en cet endroit; Aqua-Virgo, l'eau vierge ou plutôt l'eau de la jeune fille, suivant une vieille tradition qui veut qu'une jeune fille en ait indiqué la source à des soldats qui cherchaient où se désaltérer. Il a été construit par Agrippa pour des thermes, l'an 19 avant Jésus-Christ. Il part de la Campagne romaine et a plus de vingt kilomètres de longueur. Ses conduits sont pour la plupart souterrains. Il entre en ville près de la Villa Médicis (au nord-est). Il a été plusieurs fois restauré, notamment par Claude, l'an 46 après Jésus-Christ et par les Papes Adrien Ier, au VIIIme siècle et Nicolas V au XVme siècle. Ce dernier en amena ici une ramification principale, dont les trois bouches donnèrent à la fontaine son nom moderne Trivio, d'où l'on a fait Trévi. L'aqueduc fournit environ 80.000 mètres cubes d'eau par jour et alimente plusieurs fontaines de la ville. Un usage romain consiste à boire à la fontaine de Trévi en quittant Rome et à mettre une pièce de monnaie dans le bassin, pour s'assurer le retour. J'ai sacrifié au premier point de cet usage, parce qu'il faisait chaud et que l'eau était tentante; je n'ai pas rempli le second, lui trouvant une petite saveur de conseil intéressé; et pourtant, l'invite n'est pas méchante, ni préjudiciable à la bourse.

De la fontaine de Trévi au palais du Quirinal, la distance n'est pas longue. Sur la place qui porte le nom de l'ancienne demeure des Papes, aujourd'hui la résidence des rois d'Italie, deux dompteurs de chevaux antiques, aux proportions colossales, et de marbre, retiennent un moment l'attention. Ils en sont le principal ornement, avec un obélisque de 15^m^ de haut, érigé autrefois devant le mausolée d'Auguste; au pied de l'obélisque une fontaine au bassin antique, sous forme de vasque de granit. Les dompteurs, hauts de 5m60, sont du temps des Empereurs romains et se trouvaient jadis devant les thermes de Dioclétien. De la place, à l'ouest, au-dessus des maisons, on aperçoit le dôme de Saint-Pierre; mais n'oublions pas que le Quirinal est aussi une des collines de Rome. Je n'ai pas visité le palais du Roi; il n'est pas ouvert au public, et d'ailleurs je n'en aurais pas eu le temps. A l'est de la place, est le ministère des Affaires étrangères, le palais de la Consulta sous l'administration papale.... Un long tunnel, parfaitement aéré et éclairé, passe sous les jardins du Quirinal et met en communication le quartier de la Place d'Espagne avec la Voie Nationale, une des plus grandes artères de la ville. Je suis rentré à mon hôtel par cette même voie qui aboutit tout près de la gare principale, devant l'église de Sainte-Marie-des-Anges.

XVII

L'Année sainte. — Exposition vaticane des Missions catholiques.

Ainsi s'acheva le séjour que je fis à Rome, en l'année sainte, *l'anno santo*, qui voit venir en la Ville éternelle des pèlerins de tous les pays, de toutes les langues, de toutes les races par centaines de mille; chacun parle son dialecte, chacun suit ses habitudes, et tous se trouvent à l'aise, chez eux, dans cette grande Cité qui est la capitale du monde chrétien, le cœur même du catholicisme. J'y ai vu des prêtres de tous les costumes et de tous les rites, des fidèles de tous les points de la terre habitée, accompagnant leurs prêtres, des évêques, des vicaires apostoliques, des supérieurs d'ordres religieux; tous circulent librement, dans le costume de leur pays ou de leur règle, sans que personne ne les critique, ou ne les montre du doigt, ou ne s'étonne de les voir là, comme on ferait en notre malheureux pays de France, qui n'a plus le respect des saintes institutions d'autrefois. Les Romains d'aujourd'hui sont très accueillants pour tous ces pèlerins du monde qui viennent voir leur ville et y apporter un peu plus de bien-être et de richesses, qui viennent surtout pour voir le Pape, le Père commun de tous, Celui pour qui, sans cesse, de tous les lieux de la terre, monte vers Dieu un concert harmonieux de vœux et de prières. Le Gouvernement italien lui-même favorise de tout son pouvoir cet afflux des pèlerins vers la péninsule qu'il régit; il leur donne des facilités de voyages, réduit pour eux le tarif de ses voies ferrées, assure par tous les moyens le bon ordre de la rue, prévient les difficultés qui pourraient se produire; sa police est partout, mais on ne remarque guère qu'elle ait à intervenir; tout se passe sans heurt, sans choc, sans scandale, entre ce peuple italien, pourtant si bouillant par nature, et ces foules venues de partout. On se sent partout protégé et défendu, accueilli et bien venu. Et s'il y a encore parfois des pickpockets qui font adroitement leur vilain métier, la faute n'en est certes pas à la police qui accomplit loyalement son devoir et sa surveillance....

J'ai dit ce que j'ai vu à Rome durant mon trop bref séjour, les impressions que j'ai ressenties, les souvenirs délicieux que j'en ai gardés. J'aurais pu encore noter bien des détails, décrire bien des usages, citer bien des monuments, mais il fallait savoir me borner. J'ai pourtant oublié une chose, sur laquelle je reviens en quelques lignes, c'est l'Exposition vaticane des Missions catholiques, la grande pensée de Pie XI, si magnifiquement réalisée. Elle se tient en partie dans une aile du Palais apostolique, en partie dans les jardins du Souverain Pontife. On y entre par une porte située en face de celle qui ouvre le passage vers la Pinacothèque. Il y a différents pavillons, bâtis à la hâte pour y disposer, dans un arrangement superbe et très varié, tous les souvenirs des pays évangélisés par les missionnaires, des huttes sauvages, des villages en miniature, des églises, des réunions catéchistiques avec petits personnages en cire, des infirmeries, des pharmacies, à l'usage des tristes maladies des pays chauds et humides à la fois, des fièvres et des malarias, des livres et brochures édités en toutes langues, des cartes géographiques, des portraits; des divinités païennes, des idoles, des animaux empaillés, des fourrures, de riches étoffes et vêtements des Indes, de la Chine, du Japon; une infinité d'objets se rapportant aux diverses missions répandues dans le monde entier. Toutes les congrégations de missionnaires, hommes et femmes, tous les ordres religieux ont leur partie distincte dans cette immense exposition que l'on visite avec un intérêt toujours croissant, et qui se trouve si bien à sa place, à l'ombre de la Basilique vaticane, près du tombeau de celui à qui Notre-Seigneur a confié l'évangélisation du monde, lui disant ainsi qu'à ses frères les Apôtres, et en leur personne aux Pasteurs futurs : « Allez, enseignez toutes les nations au Nom du Père, du Fils et du Saint-Esprit. » C'est une grande manifestation des progrès incessants de la foi chrétienne, c'est une preuve palpable et tangible de l'œuvre accomplie par les hardis pionniers de l'Evangile, à la tête desquels se trouvent toujours nos missionnaires de France; c'est un encouragement puissant donné aux âmes généreuses qui favorisent les œuvres de la Propagation de la Foi, de la Sainte-Enfance, des secours aux pauvres lépreux, et tant d'autres, inspirées toutes par la même charité envers les humbles et le même amour envers Dieu. Devant cette grande idée de l'Apostolat chrétien, concrétisée de façon si simple et si éloquente, en ces divers pavillons, que la vilaine politique apparaît donc petite, mesquine et sans aucune élévation ! Les seuls vrais grands hommes à l'heure actuelle, ne sont-ils pas ces missionnaires qui consacrent héroïquement leur vie à la cause de l'Evangile, en dépit des agitations fiévreuses dans lesquelles se meuvent les nations dites civilisées ? Eux du moins savent clairement pour qui et dans quel but ils travaillent et souffrent, et quel sera le résultat, au jour où Dieu l'aura décidé, de leurs travaux et de leurs souffrances.

XVIII

De Rome à Naples.

Je quitte Rome, à 16 heures, le cœur plein d'émotion et de tristesse. Ce n'est pas sans regret qu'on dit adieu à tout ce que cette ville vous offre de richesses, d'art, de poésie, d'impressions, de souvenirs, mais une voix douce et réconfortante murmure, tout bas, à l'oreille de votre âme : ne vous affligez pas trop, un jour vous reviendrez. Et l'espérance qu'elle fait ainsi naître, en vous, refoule les larmes que vous étiez prêts à verser.

Je quitte Rome, et je vais à Naples. C'est un trajet qui compte 249 kil. et se fait en cinq heures un quart par l'express.

Nous partons vers 2 heures de l'après-midi. La ligne est intéressante sur tout son parcours, et des deux côtés. Je m'attache, à l'aller, à contempler le panorama de droite; au retour, j'observerai particulièrement celui de gauche; mais dans la description que j'en esquisse, j'unis naturellement les deux. Nous sortons par la Porte Majeure et sommes aussitôt dans la campagne romaine. A droite, les arcades de l'Aqua Felice, au-dessus et à côté des restes de l'antique Aqua Claudia, ruines imposantes qui attestent le beau travail des anciens. Plus loin, les rangées de tombeaux de la voie Appienne dont j'ai déjà parlé. A gauche, dans le lointain, les montagnes de la Sabine, et les monts Albains, au pied desquels est Frascati, séjour favori des Romains en été, et d'où l'on se rend à l'antique Tusculum de Cicéron. A un moment donné, la ligne incline à l'est et passe entre les deux rangées de montagnes sus-indiquées. Ce ne sont pas encore les hautes cimes de l'Apennin; elles sont vertes et boisées; les autres apparaitront bientôt avec leurs flancs dénudés et leurs pics neigeux. Voici *Palestrina*, l'ancienne Preneste qui a donné le jour et son nom à l'un des grands artistes et musiciens du monde; *Valmontone*, sur un cône volcanique isolé, avec un château des Doria-Pamphili; *Anagni*, patrie du grand Pape Innocent III et célèbre dans l'histoire par l'internement de Boniface VIII, lors de ses démêlés avec Philippe-le-Bel. Les stations passent, passent rapides dans un merveilleux décor. Nous entrons dans la vallée du Liris, en quittant celle du Sacco qu'on a longé sur ses deux rives alternativement. Elle est riche et bien cultivée. *Aquino*, à droite sur des collines, c'est la patrie de Juvenal, le poète satirique des Romains; c'est aussi le berceau du maître de la philosophie chrétienne et de la théologie, saint Thomas d'Aquin. Arpino qui vit naître Cicéron et Marius n'en est pas très éloigné. Un peu au-delà d'Aquin, sur la croupe aride de la montagne, *l'abbaye du Mont-Cassin*, fondée par saint Benoît en 529 et transformée, agrandie, depuis, les moines y sont plus près du Ciel pour prier et pour travailler. La ville de Cassino se présente un peu plus loin; c'est là que le Pape Grégoire IX signa la paix avec Frédéric d'Allemagne en 1230. A *Sparanise*, où aboutit la ligne de Formia-Gaëte on se rapproche de la mer, et l'on aperçoit dans le lointain, à droite, le Vésuve et l'île d'Ischia. Puis nous traversons le Vulturne et les riches plaines de la Campanie, parmi les plus populeuses et les plus fertiles de l'Europe. O Campanie, que de souvenirs tu fais revivre en ce moment dans notre pensée. Voici *Capoue*, la ville nouvelle, et à cinq kil. de là, S. Maria-di-Capua-vetere, ville florissante bâtie sur les ruines de la Capoue d'Annibal, où dans les douceurs parfumées de l'atmosphère, dans les charmes amollissants du site, dans le plaisir et dans le luxe d'un séjour trop prolongé, le grand général Carthaginois perdit sa valeureuse armée. *Caserte*, chef-lieu de préfecture, nous laisse entrevoir, de la gare, son merveilleux château royal, qui était le Versailles de la cour de Naples. Nous approchons; déjà le mont Somma apparait dans sa masse régulière qui nous cache le Vésuve et son cône de cendres; mais la ligne tourne, passe à Acerra, puis à Casalnuovo, le Vésuve se montre alors, voici Naples. Il est 7 heures passées, c'est déjà la chute du jour. Les portefaix sont là nombreux, rangés sur deux lignes; ils se préparent à l'assaut des bagages; moi qui n'en ai pas, je me défile sans attirer leur attention, et je m'en vais à la recherche d'un hôtel. En voici un qui porte un nom français, Hôtel de la Gare; il a bonne mine; j'y retiens une chambre pour trois jours; je suis bien servi. Demain je commencerai la visite de la ville enchanteresse.

XIX

Naples. — Coup d'œil d'ensemble sur la ville et son merveilleux site.

Samedi 25 avril et dimanche 26. — O dolce Napoli, o suol beato! Ces paroles de la chanson bien connue des pêcheurs napolitains, que j'ai souvent entendu chanter, pendant l'Exposition universelle d'Anvers en 1894, me reviennent en l'esprit, au moment où je veux parler de Naples. Qu'est-ce donc qui fait le charme incomparable de cette ville étonnante? Pourquoi ce proverbe italien si fréquemment cité : voir Naples, puis mourir? Pourquoi l'enchantement extraordinaire de ce nom, que tous prononcent avec du miel sur les lèvres? Napoli! Naples, vieille cité fondée par les Grecs, quelque mille ans avant Jésus-Christ, appelée d'abord Parthénope, la Vierge, puis Neapolis, la Ville neuve; conquise par les Romains, trois cents ans avant notre ère; devenue, sous l'empire, la villégiature favorite des premières familles d'Italie ; envahie par les Barbares au vme siècle, disputée par l'Allemagne, la France et l'Espagne durant le Moyen Age et jusqu'aux temps modernes; allemande sous les Hohenstaufen; française sous les rois d'Anjou, espagnole sous les princes d'Aragon et de Castille ; mais toujours fière, noble, grande sous les divers jougs qu'elle a supportés au cours des siècles. Ce qui fait le charme incomparable, unique, singulier de Naples, ce ne sont pas ses palais, Gênes en a de plus beaux ; ses monuments, ses églises, beaucoup des villes d'Italie en ont de semblables ; ses principales rues, ses larges avenues, ses riches Corso, où circulent de beaux équipages, de splendides autos, des voitures princières; non, elles sont gâtées, ces belles rues, ces avenues superbes, par les nombreux *vicoli*, les mille ruelles transversales qui regorgent d'une population e guenilles, où grouillent des enfants sales et à peine vêtus, où se font tous les actes de la vie ménagère, la lessive, la cuisine, le nettoyage des gosses ; où pendent, entre les deux rangées de maisons, les haillons de la misère séchant au soleil. Car c'est cela Naples, la splendeur et la crasse, l'opulence et la pauvreté, la richesse et la misère se coudoyant perpétuellement; c'est le bruit incessant dans les rues des cochers qui s'insultent, des marchands qui crient leurs denrées ; c'est la boue qui gicle et vous inonde à tout moment et en tout temps; car s'il pleut, les rues sont des flaques d'eau grasse et noire ; s'il fait sec, on arrose abondamment et le résultat est le même. Ajoutez à cela que des senteurs se dégagent des quartiers populaires, qui n'ont rien de parfumé, et ce poisson étalé partout qui exhale lui aussi son odeur incommodante ! Mais alors, où est-il le charme incomparable de Naples la ravissante ? Il est dans son ciel presque toujours bleu, dans son soleil qui sèche tout, purifie tout, embellit tout ; dans la douceur de son climat, dans son air chargé des brises odorantes de la mer et du parfum des fleurs tropicales ; il est surtout dans son site, dans ce cadre merveilleux que lui a donné la Nature ; dans ce golfe ravissant, cette baie indescriptible qui l'entoure ; dans ces îles aux noms claironnants qui la protègent et lui font un superbe rempart : Capri, Ischia, Nisida, Procida ; dans ses contours harmonieux qui vont depuis le cap de Misène à l'ouest, jusqu'à la pointe de Sorrente à l'est ; dans sa gracieuse colline du Pausilippe à droite et son Vésuve à gauche. Ce

4

qui fait le charme de Naples, c'est tout cet ensemble de beautés physiques et naturelles que Dieu a accumulées près d'elle, et qui la constituent Reine pleine de majesté, trônant au milieu d'une cour fastueuse. *O dolce Napoli, o suol beato !* O douce Naples, ô sol heureux et qui rend heureux, je comprends l'enthousiasme que vous éveillez au fond de toutes les âmes sensibles aux beautés de la Nature et aux sites enchanteurs. Vous êtes la princesse de la Méditerranée, comme Venise est la Reine de l'Adriatique : vous en êtes le brillant rubis, comme elle en est la perle éblouissante.

La ville est bâtie, comme Gênes, en amphithéâtre, sur une haute colline qui domine la mer; sa longueur totale est d'environ six kilomètres et sa largeur de quatre. De grandes rues la sillonnent dans le sens de sa longueur, et dans la partie de sa hauteur qui forme le pied de la colline : sur le bord de la mer, la via Strada Nuova, la via Parthenope, la via Caracciolo, la riviera Chiaia, la Mergellina, puis à l'intérieur, la via Roma, le corso Umberto primo, la Strada del Duomo, etc. Pour monter vers les hauts quartiers, une jolie route qui serpente et qu'on appelle cours Victor-Emmanuel; la vue, de là, est superbe sur le golfe et sur les îles; puis une infinité de petites ruelles en échelles ou en escaliers, qui prennent les noms de Calata, de Scesa ou de Salita; ou encore de Gradone et de Rampa. Deux funiculaires viennent aussi en aide aux piétons fatigués.

Tout un quartier neuf s'est construit dans les hauteurs, c'est le *Vomero*, relié au château Saint-Elme et à l'ancienne chartreuse de S. Martino, qui est aujourd'hui convertie en musée. On y rencontre de splendides hôtels. Comme églises, je puis citer parmi les plus remarquables, le Dôme ou la Cathédrale, consacré à saint Janvier, le patron de la ville; c'est là que chaque année s'opère, le 19 septembre, la « liquéfaction du sang du saint martyr », puis Saint-François-de-Paule, imitation du Panthéon de Rome avec une miniature de la colonnade du Bernin, Sainte-Claire, Saint-Dominique-Majeur, près du couvent où vécut et professa saint Thomas d'Aquin, Saint-Jean à Carbonara. Comme monuments profanes à visiter : le Palais Royal, la galerie Humbert Ier, qui rivalise avec la galerie Victor-Emmanuel de Milan, le Municipe ou Hôtel de Ville, le Castel-Nuovo, le Musée National, l'ancienne chartreuse de S. Martino. Le Château-de-l'Œuf qui s'avance dans la mer, ainsi que le palais inachevé de la reine Jeanne ne se visitent pas.

XX

Les Contours de Naples.

La ville se prolonge à l'ouest par le *Pausilippe,* cette colline à droite de la cité, qui constitue la plus belle promenade à faire à pied ou en tramway, le long de la mer. Elle est couverte de nombreuses et charmantes villas, et la vue embrasse tour à tour la baie de Castellamare et la pointe de Sorrente, les îles Capri et Ischia, Pouzzoles et le cap Misène. Quand on arrive à l'extrémité, au Capo di Posilipo, le coup d'œil est féerique et l'on se prend à rêver. Et l'on pense à Virgile qui composa en ces lieux une grande partie de ses poèmes, et y fut même enterré, mais son tombeau ne se retrouve plus; à saint Paul qui débarqua à Pouzzoles, Puteolum, venant de Grèce, et se rendant à Rome; à la sybille qui rendait à Cumes, non loin de là, ses oracles, aussi fameux que ceux d'Apollon à Delphes; à Baia, chantée par les poètes latins; à Misène, où Virgile fait aborder ses Troyens en détresse, et inhumer le pauvre Misenus, trompette d'Enée.... On est émerveillé, surpris et muet d'étonnement devant cet enchevêtrement étrange de langues de terre, de détroits, de baies et de promontoires qu'on a devant soi. J'ai fait le tour du Pausilippe et suis revenu par l'autre versant, laissant à ma droite le lac d'Agnano et la Grotte du Chien pour rentrer à Naples par Pilastri, Fuorigrotta et la nouvelle Grotte de Pausilippe, galerie percée sous la montagne pour faciliter les relations de la ville avec l'ouest de sa banlieue.

Je n'ai pas encore parlé d'une jolie promenade plus rapprochée que celle du Pausilippe et qui attire à certaines heures du jour la haute société de Naples, c'est la Villa Nationale appelée communément la *Villa.* Elle consiste en un parc qui a été créé au XVIIIme siècle et beaucoup agrandi depuis; elle est bornée au nord par la Riviera di Chiaia et au sud par le large quai, dit Via Caracciolo. On y rencontre des arbres d'essences variées, des imitations de statues antiques et modernes, deux petits temples, l'un en l'honneur de Virgile, l'autre, en l'honneur du Tasse; une fontaine remarquable, et enfin au centre, un bel Aquarium. Il y manque un peu de bancs pour s'asseoir, ou du moins faut-il bien chercher avant d'en rencontrer un. Belle vue sur la mer, qui vient se heurter, près de vous, à un barrage en pierre, construit pour briser les flots et protéger le rivage. A gauche, le Vésuve qui toujours vous regarde.

De l'autre côté de la ville, à l'est, s'étend également une longue, très longue chaîne de collines, peu élevées et décrivant un demi-cercle. Le volcan les domine avec son sommet situé à quelques douze cents mètres d'altitude. Je le contournerai en allant visiter Pompéï. Au pied de ces collines, toute une suite de gracieuses localités, dont les maisons se dorent aux rayons du soleil. C'est Portici, Resina, Torre del Greco, Torre dell'Annunziata, Castellamare et Sorrente. Chacune d'elles mériterait une visite, mais le temps est trop limité. Je me contente de les admirer de loin.

Capri et Ischia tentent davantage le touriste pressé. Capri ou Caprée, l'île des Chèvres, célèbre par les orgies de l'empereur Tibère, (triste célébrité !) est une île rocheuse de 1.040 hectares de superficie et de forme oblongue ; elle n'a que deux localités importantes, Capri et Anacapri. Son climat y est doux, favorable au rétablissement des santés affaiblies ; une hauteur la domine, le mont Salaro qui mesure 585^{m} et des falaises d'environ 280^{m} qui s'avancent à pic dans la mer. Mais la grande attraction pour le visiteur de passage est la *Grotte d'Azur*, à laquelle on se rend par de petits canots ; l'entrée est à peine haute d'un mètre ; à l'intérieur la voûte s'élève jusqu'à 12^{m} et la profondeur de l'eau atteint 15^{m}. Les objets revêtent une teinte bleue, et les corps, plongés dans l'eau, apparaissent comme argentés.

Ischia est une île plus grande que Capri et plus peuplée ; on y cultive surtout la vigne et les arbres fruitiers, et ses habitants vivent en partie du produit de la pêche. Une montagne s'élève en son milieu, l'Epoméo (789^{m}) qui est un ancien volcan.

XXI

Pompéï. — Le Vésuve.

Lundi 27 avril. — J'ai réservé cette journée à *Pompéï*. Je ne sais pourquoi, mais, n'était le voyage lui-même autour du Vésuve, la pensée de visiter des ruines ne m'enthousiasmait pas. Je craignais de me retrouver dans ces pauvres villes et villages de France, dévastés, ruinés, anéantis par le barbare, comme j'en avais tant vus en Lorraine, immédiatement après la Grande Guerre, et l'idée de revoir des pierres à la place d'édifices me laissait quelque peu indifférent, mais je me trompais bien, et Pompéï, dégagé de son vêtement de cendres et de laves calcinées, allait me procurer des impressions indicibles et profondes.

J'ai pris le train de bonne heure, le matin, à la gare vésuvienne, qui est sur le Corso Garibaldi. C'est une ligne électrique de création assez récente; elle longe le golfe et passe par les villages que j'ai déjà nommés : *Portici*, non loin de Résina et d'Herculanum, sœur infortunée de Pompéï; *Torre del Greco*, construite sur un torrent de lave, et souvent endommagée par les éruptions du volcan et les tremblements de terre; *Torre dell'Annunziata*, ville florissante sur la baie de Castellamare et *Valle di Pompeio*, la nouvelle Pompéï, où descendent tous les touristes, qui se rendent aux ruines. Près de la gare s'élève une superbe Basilique dont la création remonte à quelques années; c'est Léon XIII qui la fit ériger en l'honneur de Notre-Dame du Rosaire, et le Cardinal de la Valetta qui en surveilla la construction. L'argent afflua de toutes les parties du monde et continue d'affluer encore; aussi a-t-on fait quelque chose de beau, de grand, de riche, une immense église, puis un merveilleux Campanile, puis une maison d'éducation pour les garçons dont les pères sont prisonniers de droit civil ou criminel, puis une semblable maison pour les filles, en attendant qu'on trouve autre bonne œuvre à faire. La Basilique, appelée pontificale et relevant directement du Pape, est confiée aux R. P. Dominicains, qui sont très prévenants pour les prêtres étrangers et leur procurent fraternellement le moyen de dire leur messe; les autels sont nombreux, les clercs le sont aussi, et tout se fait sans retard et bien. L'église très richement décorée est le centre de pèlerinages nombreux qui viennent de tous les points de l'Italie; le Lourdes de la péninsule. Je fus heureux d'y pouvoir dire ma messe, ce matin-là. Aux environs immédiats de la Basilique, comme dans tous les lieux de dévotion fréquentés, des hôtels, des restaurants, des cafés, des boutiques d'objets religieux et de pieux souvenirs.

La route qui mène à l'antique Pompéï est agréable et pittoresque; d'un côté Castellamare et Sorrente, qu'on aperçoit dans le lointain, assis au pied de la colline; de l'autre, les montagnes de l'intérieur et particulièrement la masse arrondie du Vésuve; une demi-heure de marche à pied, et voici les hôtels, les immanquables hôtels qui annoncent la proximité des curiosités à voir; le mercantisme, le commerce, l'appât du lucre ne perdent jamais leurs droits. Voici la porte d'entrée, je passe au guichet, je dépose six lires italiennes, et je reçois un billet au chiffre de la Société d'Archéologie royale, car Pompéï restaurée et sortie de ses décombres appartient à l'Etat; c'est justice.

C'était une ville de province très florissante en l'an de grâce 79; elle pouvait compter de vingt mille à trente mille habitants; on y vivait heureux et gai, on s'y amusait beaucoup; on ne pensait guère à la mort; un tremblement de terre avait bien ému quelque peu ses frivoles habitants, quand, seize ans auparavant, les maisons s'étaient soudain agitées et secouées sur leurs bases, mais tout était, depuis ce mauvais jour, bien réparé; on avait reconstruit à neuf et de façon plus jolie encore. Le malheur passé n'était plus qu'un vague souvenir, qu'on s'efforcait de chasser de son esprit, comme gênant et importun, quand le 24 août 79 une soudaine éruption du Vésuve, en quelques minutes, ensevelit la ville et les environs, sous un amas de pierre ponce, de lave et de cendres; la plupart des habitants parvinrent à s'enfuir; l'agonie et la mort furent atroces pour ceux qui ne le purent pas, comme l'attestent les cadavres pétrifiés qu'on a retrouvés depuis et qui gardent l'empreinte de leurs derniers efforts, de leurs spasmes suprêmes. Et la ville ensevelie se vit avec les siècles recouverte d'un linceul plus épais, les éruptions successives accroissant la lourde couche de lave et de cendres, rendirent son tombeau plus inaccessible, jetèrent sur elle un oubli plus profond. Ce n'est qu'en 1748 que par hasard, des objets trouvés par des paysans qui, sans doute, labouraient le sol sur la ville endormie, rappelèrent au monde savant son souvenir effacé. On chercha tout d'abord des statues et des objets de prix; puis de 1783 à 1827, un architecte français, doublé d'un archéologue de mérite, Fr. Mazois, fit les premières recherches importantes et écrivit le premier ouvrage sur les *Ruines de Pompéi*. Ces fouilles depuis n'ont pas cessé, et aujourd'hui encore elles se font avec tant de sagesse, d'art, de précautions infinies, qu'on espère, retirer les derniers édifices sans effondrer les toitures, sans rien abîmer de ce que les cendres ont conservé depuis dix-huit siècles.

Qu'il me soit permis de commencer ma description des ruines de Pompéï par ce début d'une des Lettres sur l'Italie par Mercier Dupaty : « Je suis tout étonné de me promener de maisons en maisons, de temples en temples, de rues en rues, dans une ville bâtie il y a deux mille ans, habitée par des Romains, exhumée par un roi de Naples et parfaitement conservée, c'est-à-dire à Pompéï. » Oui, l'étonnement du début est grand, et il va s'augmentant à mesure que la visite se prolonge. La ville est morne et silencieuse, mais on s'y promène ; elle a des rues, des trottoirs, des places, des fontaines ; toutes les maisons sont ouvertes et l'on y entre sans frapper, mais on s'y tient avec respect, comme si l'on allait voir apparaitre soudain quelque fier Romain d'autrefois, quelque noble matrone, possesseurs de ces maisons désertes. Voici d'abord, dès qu'on a franchi la porte Marina, le temple de Vénus pompéïenne, puis la Basilique, tout près le Forum, le temple d'Apollon, le temple de Jupiter, celui de Mercure, le marché ou halles aux comestibles, l'édifice d'Eumachie, qui fut peut-être une halle aux draps, les Tribunaux ; c'est le centre de la ville ; une grande artère coupe ici horizontalement la ville, c'est la rue de l'Abondance et le quartier sud qu'elle dessine comprend le *forum triangulaire*, dont la belle entrée est aujourd'hui restaurée et qui servait de promenade aux spectateurs des théâtres. Il était entouré à droite et à gauche d'un portique de colonnes doriques : on y voit un piédestal pour une statue en l'honneur de Marcellus, neveu d'Auguste, avec une inscription ; et non loin de là, une margelle de puits, renfermée dans un petit temple circulaire à huit colonnes doriques. A gauche du Forum triangulaire, deux théâtres et une caserne de gladiateurs ; le *grand théâtre,* dit theatro scoperto, ou en plein air, orienté vers le sud, sur la pente du terrain, et pouvant contenir cinq mille spectateurs ; le *petit théâtre,* couvert celui-là, qui devait servir aux exécutions musicales et pouvant renfermer quinze cents spectateurs ; il était sans doute tout nouvellement construit, quand eut lieu la terrible catastrophe. Dans la caserne des gladiateurs on a découvert un réduit qui servait de prison, avec trois squelettes et des chaines ; plus loin, la salle d'armes avec soixante corps humains pétrifiés. Une grande rue transversale qui va de la porte du Vésuve, au nord, à la porte de Strabia, au sud-est ; le pavé de ces rues est en fortes dalles.

Ici, en remontant la ville vers le nord, un temple d'Esculape; une grande maison particulière, dite la demeure du joueur de cithare; la maison des Diadumènes avec un bel atrium corinthien; les thermes de Stabies, la maison de Siricus avec une grande boulangerie à côté, qui porte cette inscription sur le seuil : *Salve lucru(m)*, béni soit le gain ! En face, à gauche, de gros serpents peints sur un mur avec ces mots : *Otiosis locus hic non est, discede morator*, que je traduis : Ici point de place pour les gens inoccupés; flâneur passe ton chemin. Mais je ne puis énumérer ici toutes les maisons de cette ville à-demi exhumée. Je me contenterai d'en citer encore deux ou trois qui m'ont le plus intéressé : la *maison des Vettii*, où l'on a laissé les belles peintures et quelques ornements en marbre du péristyle — car toutes les richesses retrouvées à Pompéï, les peintures, les sculptures, les objets d'art, etc. — ornent aujourd'hui les musées d'Italie, de Naples en particulier, et l'administration ne nous laisse à admirer sur place que les murs des édifices et quelques fresques, çà et là. Dans l'atrium de la maison des Vettii, de belles peintures ornementales et au-dessus de l'embasement, une frise sur fond noir où sont représentés des Amours livrés à diverses occupations. La cuisine nous montre quelques ustensiles restés en place. A côté, une chambre fermée avec des peintures obscènes et une statuette de Priape. Le péristyle, en partie reconstruit et orné de plantes, contient des statuettes de fontaines et des tables de marbre. Tout autour, des salles décorées de peintures, dont les plus belles sont dans la grande salle : des Amours jetant des pierres vers un but, d'autres tressant et vendant des couronnes, faisant et vendant de l'huile, se livrant à des courses; des fêtes diverses, des vendanges, etc. Tout cela est frais, gracieux, bien conservé. La *maison Pansa* est une des plus grandes de Pompéï et elle a cela d'intéressant qu'elle nous offre bien le type de la maison antique; j'ai éprouvé une véritable satisfaction à l'étudier de plus près. C'est d'abord une entrée sur la rue des Thermes, l'*ostium*; puis un portique couvert, l'*atrium*, qu'entoure une galerie également couverte, au milieu de laquelle est un bassin, l'*impluvium*, destiné à recevoir l'eau de pluie, car le toit allait en s'abaissant de ce côté et comportait une ouverture pour éclairer et aérer tout à la fois l'atrium et les pièces environnantes. A droite et à gauche de l'atrium des chambres à coucher, *cubicula*, très petites en général. Au fond de l'atrium, une grande salle ouverte, le *tablinum*, où le patron recevait ses clients, oü se traitaient les affaires; derrière le tablinum, une cour semblable à un jardin, entourée de colonnes et appelée *péristylium*, au milieu de cette cour, la *piscine* où l'on nourrissait des poissons rares et de grand prix, et autour du péristyle la salle à manger, *triclinium*, le salon, *œcus;* la cuisine, *culina;* derrière le salon, un portique, *porticus*, puis le jardin proprement dit, *xystos*. Les esclaves habitaient au premier étage; on rencontre des restes d'escaliers. Les pièces étaient, je l'ai dit, très petites; on vivait et on travaillait dans les cours, qui étaient largement pourvues d'air et de lumière.

Ma visite à Pompéï va s'achever; l'air est lourd, le ciel se couvre tout entier de gros nuages noirs, on sent de l'électricité dans l'atmosphère; il est midi. Le tonnerre gronde, les éclairs déchirent la nue, l'eau se met à tomber à torrent, c'est un orage qui s'abat sur les ruines; vite on se précipite sous le long passage voûté de la porte Marina. Le musée est là aussi qui offre un abri, on s'y engouffre. C'est le moment d'y jeter un coup d'œil plus attentif. Il est formé de trois salles et possède une collection d'objets intéressants. Il y a des plâtres et des reproductions de toute sorte d'objets en bois, portes, fenêtres avec volets, fermetures de boutiques, armoires, roues, poteries, bronzes, crânes, squelettes; sous des vitrines, au milieu des salles, des plâtres de corps humains, ensevelis sous les cendres volcaniques, une jeune fille portant un anneau au doigt, deux femmes de taille inégale, placées l'une près de l'autre, un homme étendu la face contre terre, un autre gisant sur le côté; leurs traits sont bien conservés, on voit encore leurs dents; sous une autre vitrine, un pauvre chien moulé dans les affres de l'agonie, un de ces chiens sans doute qui gardaient fidè ement la maison à cet endroit où la mosaïque nous le dépeint, avec ces deux mots bien apparents : *cave canem*. Dans les vitrines latérales, des amphores, comme on en voit beaucoup dans les ruines, des colliers, des bagues, des couteaux, de la vaisselle, etc. — L'orage a cessé, les nuages ont passé, le ciel reprend sa belle teinte bleue, et les ciceroni, les guides, les voituriers sont à la porte qui vous proposent l'excursion au Vésuve. Je suis tenté un moment d'accepter leur offre, mais malgré leurs belles assurances, je crains de rentrer trop tard à Naples, de me fatiguer trop aussi, car la voiture ne vous conduit pas au sommet du cratère, et il y a beaucoup à marcher. Je me contente de regarder le géant de loin, et de m'en tenir aux descriptions que j'ai lues maintes fois dans nos bons auteurs. On connaît la page de Chateaubriand, je recommande à ceux qui pourront se la procurer, la lettre cent de M. Dupaty, intitulée : *Au sommet du Vésuve, à la lueur d'une éruption, à minuit*, ou encore le chapitre XXVIIme de *Rome et Lorette*, de Louis Veuillot.

Sans le Vésuve, Naples ne serait plus ce qu'elle est, et je souscris à ces lignes du grand écrivain dont je viens de rappeler le livre et le nom. « Le Vésuve ne fit point de frais pour nous et j'avoue qu'il me paraît aujourd'hui vivre sur sa réputation. Les Napolitains font tout pour la lui conserver, cette réputation, qui leur vaut tant de tributaires de tous les pays ; ils sont les dévoués flatteurs de leur volcan, ils applaudissent ses moindres efforts, ils feignent d'avoir peur toutes les fois qu'il s'émeut. A les entendre, le voyageur arrive toujours le lendemain ou repart toujours la veille d'un désastre. Pure politesse ! Le Vésuve ronfle quelquefois, mais c'est qu'il dort. » — Cela n'empêche pas que depuis l'impression de ce jugement humoristique, le Vésuve s'est terriblement réveillé du 24 au 30 avril 1872, et a fait encore parler de lui il y a un quart de siècle. Mais quand j'ai passé, il dormait.

XXII

De Naples à Assise.

Mardi 28 avril. — Pour se rendre de Naples à Assise, il faut revenir par Rome ; ce m'est une douce joie de revoir, dans le lointain, le Dôme de Saint-Pierre, de m'arrêter une heure encore dans la Ville éternelle, de m'asseoir entre deux trains sur un banc de la place des Cinq-Cents, à l'ombre des Thermes de Dioclétien, et de respirer une dernière fois le « parfum de Rome ». Mon train pour Assise part vers 16 heures. J'ai quitté Naples dans la matinée et je ne sais si j'arriverai à Assise assez tôt pour y trouver encore un hôtel ; c'est qu'en Italie, les trajets sont longs et les trains express n'ont pas la rapidité des nôtres, étant donné les accidents perpétuels du terrain, les hauteurs qu'il faut gravir, les tunnels qu'il faut passer; les gorges qu'il faut traverser; ce que l'on perd en temps, on le gagne en pittoresque, car c'est un enchantement d'un bout du trajet à l'autre; aussi je conseille aux amateurs de belle nature de ne voyager à travers l'Italie que de jour; ils seront amplement servis.

De Rome, la ligne que je prends est jusqu'à Orte celle de Florence. Elle suit jusqu'à Monte Rotondo la direction de l'ancienne voie Salaria, passe par *Civita Castellana* « une de ces villes pontificales au sombre aspect, qui montrent de loin leurs grandes murailles ruinées », longe le Tibre et laisse apercevoir assez longtemps la crête dentelée du Soracte (691^{m}). A Orte, on quitte la ligne directe de Florence, pour prendre celle de Pérouse, Ancône et Foligno. On suit alors la jolie vallée de la Néra aux forêts de chênes verts, et l'on admire à droite les ruines imposantes du pont d'Auguste où passait la voie flaminienne; une seule arche subsiste, haute de 19^{m}, puis une gorge étroite jusqu'à *Narni*, une série de tunnels, une forte descente. Voici *Terni*, encaissée dans la fertile vallée de la Néra, où descendent les touristes pour les cascades de Marmore, qui sont, paraît-il, parmi les plus belles de l'Europe. Le pittoresque s'accroît, la ligne traverse une longue vallée rocheuse, puis franchit la chaîne calcaire des Apennins d'Ombrie ; un tunnel de 1.700^{m} de longueur; et l'on arrive à *Spolète*, capitale d'un duché célèbre, « plantée dans les montagnes avec un certain air de casse-cou qui ne devait rien promettre de fort soumis, il y a quelques centaines d'années ». (Louis VEUILLOT). Après Spolète et ses montagnes noires, c'est une jolie vallée, celle de *Clitumne*, et le train s'arrête à *Foligno*, le pays de sainte Angèle. Il faut ici changer pour Assise; il se fait tard, et la correspondance n'est attendue que pour une heure avancée de la nuit. Je préfère m'arrêter là pour la nuit. Demain matin, de bonne heure, je partirai pour le pays du Poverello.

XXIII

Assise.

Mercredi 29 avril. — Le matin se lève brillant et pur ; out annonce une belle journée; je vois de ma fenêtre le cadre de montagnes qui encerclent l'horizon. Je suis dans l'Ombrie, une des plus ravissantes provinces de l'Italie centrale ; la terre merveilleuse chantée par les poètes, illustrée surtout par saint François ; on y respire un parfum délicieux, l'air est transparent, le climat est doux, le ciel est plus bleu que partout ailleurs ; les montagnes elles-mêmes semblent vous sourire, quelques sommets au loin sont encore neigeux, mais la brise qu'ils vous apportent est toute rafraîchissante. J'arrive assez tôt à Assise, pour y dire ma messe en la Basilique de la Portioncule, qui est près de la gare ; quant à la petite ville moyenageuse, elle est à quatre kilomètres de distance, perchée, comme un nid d'aigle, sur un mamelon assez élevé. L'église de la Portioncule, ou Sainte-Marie-des-Anges, date du XVIme siècle et a été restaurée au XIXme ; elle est grande et vaste, comme il convient à un lieu de pèlerinage, mais tout son charme, tout son attrait lui vient de ce qu'elle abrite sous ses voûtes, la première Portioncule, petite chapelle où saint François eut sa fameuse vision, et l'humble cellule où il mourut, convertie en chapelle, sans trop d'altération. A l'est de la sacristie, un Père franciscain vous montre le petit jardin du Saint où fleurissent en mai les roses sans épines, et la cellule à demi enfouie sous terre où il passait des jours et des nuits en prières et se flagellait, le modeste cloître aussi qu'il traversait pour venir prier à sa chère portioncule. Le *Poverello*, l'amant de la pauvreté, ne se reconnaîtrait pas dans la somptueuse basilique où l'on a enfermé ses pauvres petites choses à lui, les trésors de sa nudité volontaire, le tout petit sanctuaire qui avait été pour lui le lieu de tant de grâces et la modeste cellule où d'Assise il avait voulu être transporté pour y rendre sa belle âme à Dieu. Et cependant il était juste que l'on fît cette grande église pour abriter les nombreux pèlerins du monde qui viennent ici respirer le suave parfum des vertus du saint Patriarche séraphique, et elle apparaîtra trop petite en l'année 1926, quand toute l'Italie célébrera le septième centenaire de celui qu'elle considère comme un de ses premiers patrons célestes et l'une de ses plus grandes gloires. C'était ce 29 avril la fête de saint Pierre martyr, très vénéré dans le centre et au nord de l'Italie ; j'ai vu les paysans apporter de très loin à la Portioncule des gerbes de joncs ou de roseaux, les faire bénir par les Pères franciscains, et les remporter pour les planter dans leurs terres, suivant une pieuse et respectable coutume du pays; c'étaient en général de pauvres gens et saint François dut leur sourire plus amoureusement qu'aux touristes et aux curieux venus pour visiter son église,

De la Portioncule à la ville d'Assise, la route est droite, surtout depuis le passage à niveau de la ligne; elle est d'abord plane, puis elle s'élève en pente assez douce jusqu'aux portes de la vieille cité médiévale; elle est ravissante, quand on la parcourt par un beau soleil et que la nature est en fête. Je la monte à pied, laissant filer devant moi autos et voitures, car il m'est agréable de fouler ce sol où si souvent passa notre Saint accompagné de ses premiers disciples. A un moment de la route, je m'arrête devant une grande bâtisse qui me semble être un lazaret d'autrefois, ou une vieille hôtellerie. Elle est à gauche, en montant; une large plaque de marbre y est apposée et je lis ces mots dans la belle langue du pays : « Ici François, descencendant à la Portioncule pour y mourir, fit arrêter ses porteurs, et se retournant vers la cité, il la bénit une dernière fois, en disant : « Sois bénie, ô ma patrie très chère, sois bénie du Seigneur Dieu, parce que, grâce à toi, beaucoup d'âmes seront sauvées; en toi habiteront de nombreux serviteurs de Dieu et tu en députeras beaucoup vers le royaume du Ciel. » Et je regardais le cadre magnifique que j'avais sous les yeux, cette ville étagée sur le sommet de la colline, avec ses vieux remparts, son campanile sévère, ses églises, ses maisons, qui n'ont pas changé depuis le XIIIme siècle; et ses hautes montagnes qui la dominent, et ce torrent qui coule au bas, et cet azur du ciel. C'est bien ainsi, ô vieille et sainte cité de l'Ombrie, que tu as dû te montrer pour la suprême fois aux regards de celui qui devait, jusqu'à la fin des âges, t'assurer une gloire plus pure et plus enviable que celle que tu tenais déjà d'un de tes enfants, dans le passé, le poète latin Properce.

On entre à Assise par la porte Saint-Pierre; c'est une ville qui est toute en longueur, posée horizontalement sur le flanc d'un rocher, entourée de vieux murs, faite de rues étroites et serpentantes, de pénibles raidillons, de chemins en escaliers. On se dirige, à gauche, vers l'ancien couvent des Franciscains. Bâti sur le rocher, au bord de la colline, c'est aujourd'hui propriété de l'État qui en a fait une maison d'éducation pour des enfants d'instituteurs. Deux églises y sont superposées, avec une crypte, un peu comme à Lourdes; elles sont du XIIIme siècle ayant été commencées deux ans après la mort du saint patriarche, en 1228, et achevées en 1253.

L'église basse a des arcades en plein cintre, des voûtes d'arête et des chapelles gothiques; elle est accessible par le portail méridional construit vers 1300 avec un porche du siècle suivant. A droite, le tombeau de Jean de Brienne, roi de Jérusalem; le maître-autel est érigé à l'endroit où était inhumé saint François, car ses frères ramenèrent son corps en leur couvent d'Assise; sous ce maître-autel, dans une crypte, le sarcophage de pierre brute, qui conserve ce précieux corps, on y accède par un double escalier; des fresques célèbres du Giotto représentent des allégories des vœux religieux et l'apothéose du Saint, d'autres fresques du même Giotto ou de Cimabue rappelle des scènes de la vie de Jésus et de saint François; dans la sacristie, un portrait du Saint de la fin du XIIIme siècle.

L'église haute est accessible, de l'extérieur par le grand portail, ou de la partie basse par un escalier étroit et tournant. Elle possède aussi de belles fresques nouvellement restaurées de Cimabue et de ses élèves, on en compte vingt-huit tout autour de la grande nef, qui sont probablement de Giotto et retracent les épisodes les plus connus de la vie de saint François. Au centre de la petite ville et très rapprochées les unes des autres plusieurs églises : S. Maria de la Minerva, sur l'emplacement d'un temple de Minerve dont on a conservé le portique aux six colonnes; la Chiesa Nova ou église neuve, bâtie en 1615 sur le lieu même où naquit saint François, où il grandit chez son père, le riche drapier du pays, d'où il sortit pour se livrer avec des jeunes gens de son âge, à une vie plutôt légère et dissipée, jusqu'à l'heure de sa merveilleuse et décisive conversion; on prie bien dans cette église; non loin de là, en remontant vers la haute ville, la cathédrale ou Dôme de Saint-Rufin, du XIme au XIIIme siècle pour la partie extérieure, avec une belle statue en marbre de saint François et les fonts sacrés où il fut baptisé; Sainte-Claire à l'extrémité de la ville, construite en 1257 en style gothique, et qui abrite, dans sa crypte richement décorée, le corps de la fondatrice de l'Ordre des Clarisses, que vous montre une religieuse à certaines heures du jour. Elle était d'une famille illustre d'Assise, celle que Dieu devait associer de façon si étroite à l'œuvre entreprise par son serviteur François. Son enfance s'était écoulée dans l'innocence et la pureté, sa jeunesse dans la prière et la méditation, et les riches vêtements qu'elle portait pour obéir à ses parents, cachaient sous eux un dur cilice. A dix-huit ans, elle quitte la maison paternelle, descend la colline d'Assise et vient trouver saint François à l'église de la Portioncule. Là, elle se dépouille des livrées du monde, sacrifie sa belle chevelure, et se revet d'un sac et d'une corde. Ses parents veulent l'arracher à cette étrange vie, elle résiste, elle persévère dans sa résolution de se consacrer à Dieu; François accepte ses premiers vœux. Bientôt elle s'adjoint des compagnes, et toutes ensemble font leur profession religieuse dans l'église Saint-Pierre-Damien, qui est près de la porte par où je suis entré dans la ville. Claire, si dure pour elle-même, si bonne pour ses sœurs, fit pendant les quarante années qu'elle gouverna son Ordre, de grands miracles. Je ne veux citer ici que ce fait bien connu. Les Sarrasins assiègent Assise, la terreur envahit le couvent des Clarisses, elles savent d'une part que les infidèles tentent d'envahir leur cloître et d'autre part le sort indigne qui leur est réservé par ces impies; Claire, malade, n'hésite pas dans le dessein qu'elle a soudainement conçu; elle prend entre ses mains le très saint Sacrement, se fait porter à l'entrée du monastère, et adresse à Dieu cette ardente supplication : « Seigneur, ne livrez pas aux bêtes féroces les âmes qui ont confiance en vous; protégez vos servantes, que vous avez rachetées de votre sang précieux ». Et une voix lui répondit : « Je vous protégerai toujours ». Et l'on vit les Sarrasins prendre la fuite et ceux qui déjà étaient montés sur les murailles furent frappés d'aveuglement et tombèrent renversés. C'est à quoi je pensais en remontant l'escalier de la crypte où je venais d'apercevoir, sous le reflet des ampoules électriques, le corps bien conservé de sainte Claire, dans son vêtement de bure.

Ma visite à Assise ou plutôt mon pèlerinage était achevé; j'y avais éprouvé des émotions bien douces, de suaves impressions, et réalisé un rêve depuis longtemps formé, voir de mes yeux le pays des *fioretti*, la terre légendaire des gracieux miracles du séraphique Pauvre, le lieu où il prêchait les petits oiseaux et où les petits oiseaux l'écoutaient, attentifs et recueillis; où il appelait ses frères et ses sœurs les animaux qu'il rencontrait et leur disait l'amour du bon Dieu; où il donnait à de moins pauvres que lui tout ce qu'il tenait de la charité des autres. Ah! je conçois qu'un tel Saint soit resté populaire dans toute l'Italie, dans la belle région de l'Ombrie surtout qu'il édifia et évangélisa, et qui garde, après sept siècles écoulés, tout le parfum de ses étonnantes vertus.

J'allais quitter la ville par la porte Saint-Pierre, quand en sortant de l'église Saint-Damien j'ai rencontré sur mon chemin un Père Bénédictin italien; nous avons fait route ensemble; il parlait le français admirablement bien, sans accent, connaissait notre littérature classique et moderne, aimait notre pays où il avait longtemps séjourné, était tout heureux même de me citer des vers, en français, qu'il avait autrefois composés à sa gloire. Avec lui je visitai, au sortir d'Assise, le superbe grand Séminaire que Pie XI vient de faire construire là, à ses frais, pour les meilleurs élèves des Séminaires de la région; c'est une petite Université, avec des maîtres excellents, et la maison offre au point de vue du site, de la vue, de l'hygiène, du confort même, tout ce qu'on peut rêver. J'y ai rencontré une haute personnalité ecclésiastique, l'inspecteur des travaux qu'ordonne Sa Sainteté, son propre délégué pour les Séminaires qu'Elle fait construire en divers points de l'Italie.

Le R. P. Bénédictin voulut bien m'accompagner jusqu'à la gare où je pris, vers le soir, le train pour Florence.

XXIV

Florence et Fiesole.

Jeudi 30 avril. — J'ai entrevu *Pérouse*, d'où partit le Cardinal Pecci en 1878 pour devenir le grand Pape Léon XIII, Pérouse le chef-lieu de l'Ombrie et la patrie du Pérugin, ville forte bâtie sur une hauteur à environ 300m au-dessus de la vallée du Tibre, dont on voit de la ligne les remparts et les nombreux clochers; plus loin le *lac Trasimène*, sur les bords duquel Annibal autrefois remporta une victoire sanglante sur le Consul Flaminius qui s'était laissé imprudemment attirer en ces défilés dangereux. La demi clarté d'un jour finissant donnait à ce lac des teintes particulières; le reste du trajet s'accomplit dans la nuit, et la vieille Etrurie ainsi m'échappa. Nous passâmes *Torontola*, *Cortone*, le pays de sainte Marguerite, et *Arezzo* associée au souvenir de l'Arétin.

Voici *Florence*, la ville des fleurs, et des arts. Nous y arrivons par la gare centrale, qui donne près de l'église S. Maria Novella et de la place de l'Unité italienne.

Florence, *Firenze*, surnommée à bon droit « la Belle » est l'ancien chef-lieu de la Toscane, et servit de capitale au royaume d'Italie de 1865 à 1870. C'est une très grande ville, située sur les deux rives de l'Orno, dans une vallée que les contreforts des Apennins entourent d'un site pittoresque. On connaît sa brillante histoire au Moyen Age, comme aussi ses luttes intestines, les deux partis qui se la disputèrent si longtemps, les Guelfes et les Gibelins, puis les rivalités des Blancs et des Noirs, l'exil de Dante, le gouvernement des Médicis, qui dura jusqu'au XVIIIme siècle et dont le plus célèbre fut Laurent le Magnifique. Patrie des Lettres, des Arts et des Sciences, elle s'honore des plus grands maîtres et des plus grands noms dans toutes les branches du savoir humain, Dante et Boccace, Machiavel et Galilée, Michel-Ange et Donatello, Giotto et Fra Angelico, Botticelli, Filippino Lippi, Ghirlandaio et André del Sarto.

Il y a beaucoup à voir à Florence, et l'embarras est grand de celui qui n'a qu'une journée ou deux à lui consacrer; il faut alors savoir choisir et se borner. J'ai visité successivement la place de la Seigneurie qui forme avec le Palais-Vieux et la Loggia dei Lanzi le centre de la vieille ville, puis le Palais et la Galerie des Offices, Uffizi, où se trouvent la célèbre collection de peintures, la Bibliothèque Nationale, les Archives centrales de la Toscane et la poste. — Suivant alors la rue très pittoresque des « bonnetiers », via dei Calzaioli, je suis arrivé sur la place du Dôme. Elle est fort belle avec son baptistère, édifice octogonal du VIIme ou VIIIme siècle qui servit de cathédrale jusqu'en 1128 et qui possède trois jolies portes de bronze anciennes et richement sculptées, et de vieilles mosaïques à l'intérieur. Mais ce qui fait surtout l'ornement de la place, c'est la cathédrale toute en marbre blanc et noir et le campanile du même style. Commencée en 1296, elle ne fut guère achevée avant 1462, quand la lanterne de la fameuse coupole, œuvre de Filippo Brunelleschi, fut posée. Le campanile, un peu moins haut que la coupole, s'élève à une hauteur de 84^{m} et compte de riches sculptures. De la place du Dôme, je me suis rendu, via dei Servi, à l'*Annunziata*, qui est aussi une riche église; j'ai admiré surtout les fresques du parvis qui sont d'André del Sarto et repré-

5

sentent des scènes de la vie de saint Philippe Bénéti, fondateur de l'Ordre des Servites. Puis je suis allé jusqu'au couvent de Saint-Marc, pour y admirer les principaux chefs-d'œuvre de Fra Angelico. Le couvent où ce saint religieux de l'Ordre dominicain a laissé sur les murs des cellules de ses frères tant de fresques admirables, travaillant non pour la gloire, mais pour Dieu seul, sans songer aucunement à la postérité, ce couvent est aujourd'hui propriété de l'Etat, mais l'accès en est libre tous les jours, et nombreux sont les visiteurs qui viennent se remplir l'âme des tableaux si purs, si idéalement beaux de cet angélique artiste, de ce moine qui ne puisa ses inspirations merveilleuses que dans sa foi profonde et son incomparable piété. J'ai toujours beaucoup aimé Fra Angelico et j'ai préféré lui réserver le temps trop restreint que j'avais à passer dans les Musées de Florence; son Couronnement de la Vierge, son grand Crucifiement dans la salle du Chapitre, m'ont particulièrement intéressé. Que dire de ses Vierges et de ses Anges? Est-il rien de plus céleste et de plus pur? — En souvenir de ce maître si ravissant, comme j'ai prié à Rome, en l'église de la Minerve, sur la pierre tombale, qui me le rappelait, j'ai voulu, de Florence, faire l'excursion à Fiesole, sa petite ville natale. Avec le tramway, c'est chose très facile.

Le village, ou plutôt la petite ville — car c'est une bourgade dépassant cinq mille âmes — se trouve sur la hauteur, à environ cinq kil. au nord-est de Florence, que l'on quitte à la barrière du Chêne. La route monte en serpentant, et le panorama s'élargit progressivement; la jolie vallée de l'Arno apparait aux regards émerveillés avec les hauteurs de la rive opposée, tandis que la vieille cité florentine laisse apercevoir, au fond de la cuvette, les toits de ses maisons et les clochers de ses nombreuses églises. Fiesole, où l'on arrive, par une avenue de villas étagées, se dresse devant nous, superbement assise sur la crête du rocher, avec ses portes et ses remparts aux murs étrusques que les siècles on conservés. C'est l'ancienne Fesulœ des Romains, qui eut son heure de gloire, et sa page d'histoire, encore qu'elle ait perdu aujourd'hui sa splendeur d'autrefois, et que ses habitants vivent réduits à confectionner ces ouvrages de paille tressée, qu'on retrouve dans toute la région, et que les visiteuses emportent au loin comme souvenirs. Sur la place qui porte le nom d'un de ses grands artistes, Mino da Fiesole, est la cathédrale de ce minuscule évêché, curieux édifice roman, dont la sombre clarté intérieure vous pénètre d'émotion religieuse; on y voit le beau monument d'un évêque; je ne sais plus si c'est celui de ce même pontife que l'Eglise honore sous le nom du Bienheureux André Corsini, ou celui d'un de ses prédécesseurs. Derrière la cathédrale, des fouilles, *scavi*, montrent les restes d'un théâtre antique, des vestiges de bains romains et un pan de muraille étrusque. Sur la place également le Palais épiscopal et le Séminaire, à l'ouest; le petit palais Pretorio à l'est, avec son musée; puis, un peu plus loin, sur l'emplacement de l'ancien Capitole, un couvent de Franciscains, où l'on accède par un chemin fort escarpé; la chapelle en est très curieuse, ainsi que le petit jardin des Pères, dont seuls les hommes peuvent franchir l'entrée; ces bons religieux sont très accueillants et vous remettent une image en souvenir de la visite qu'on fait à leur couvent si haut perché. La vue, de ce lieu élevé, est superbe et embrasse un horizon étendu. L'Arno n'est plus alors qu'un simple fil d'argent, cependant qu'une rivière plus modeste, mais plus bruyante, le Mugnone, dévale des hauteurs et court se donner à lui. Joli pays de Fiesole, je t'aime et je voudrais te chanter, parce que c'est de toi qu'est sorti l'Angelico; ses yeux d'enfant ont vu ta ravissante beauté, ses pieds ont foulé ton sol, son cœur a battu d'aise à tes suaves attraits; tu lui as fourni sa belle inspiration; il te doit son génie et tu lui dois la plus pure et la plus durable note de tâ gloire impérissable; tous les siècles qui viendront continueront à le nommer Fra Angelico da Fiesole.

Mais retournons à la grande ville, dont la visite sommaire n'est pas achevée; quittons les hauteurs pour redescendre dans la plaine, Florence nous réserve encore quelques jolis coins, quelques sources de délicieuses impressions. Je n'ai pas le temps de continuer la visite de ses palais, ni de ses églises, je laisse son Académie des Beaux-Arts, son vieux palais du Podestat, aujourd'hui musée national, Sainte-Croix, aux fresques de Giotto, S. Trinita, S. Maria Novella, où ce matin j'ai dit la messe. Et je passe sur la rive gauche de l'Arno, où la ville pour être moins étendue que sur l'autre rive, n'en est pas moins belle, ni moins riche. Voici la Basilique *Santo-Spirito*, commencée sur les plans de Brunelleschi, puis le *Ponte Vecchio*, si pittoresque avec ses boutiques d'orfèvrerie de chaque côté, qui sont là depuis cinq siècles, attirant par leurs ors et leurs pierreries les regards avides de tant de générations qui s'y pressent et s'y bousculent. La circulation est intense sur ce pont moyenageux qui n'a pas été fait pour le flot des promeneurs et touristes actuels; ce n'est ni le London Bridge de Londres, ni le pont Alexandre de Paris, ni même le pont Victor-Emmanuel de Rome, mais c'est le frère de ces vieux ponts de la Seine que nos ancêtres ont connus, et qui sont devenus, pour nous, des mythes. Il ne faut pas aller à Florence sans voir le Ponte Vecchio; si ses vieilles pierres pouvaient parler, que ne nous raconteraient-elles pas? — Tout près de là, c'est le fameux palais *Pitti*, sur la place du même nom, rival des Uffizi, pour ses riches collections artistiques. — Ma promenade s'achève sur le bord du beau fleuve aux eaux tranquilles, qui portent les barques de plaisir et les lourds chalands d'approvisionnement.

XXV

De Florence à Venise par Bologne, Ferrare et Padoue.

Vendredi 1er mai. — De Florence à Venise, l'express met environ huit heures; ce n'est pas que le trajet soit très long, mais il se fait en partie dans la région montagneuse de l'Apennin qu'il faut traverser, puisque on passe du versant de la Méditerranée à celui de l'Adriatique, et que la chaîne apennine forme l'arête dorsale de la péninsule. Mais quelle poésie dans ce nouveau parcours, quelle théorie ininterrompue de sauvage et de pittoresque, quelles merveilles d'une nature qui toujours varie et se transforme, sans jamais cesser d'être riche et belle sous les divers aspects qu'elle présente !

J'ai quitté Florence, de bon matin, en ce premier jour de mai, me rendant à Venise, où j'ai résolu de passer quelques jours. Jusqu'à *Pistoie*, le train court sur un terrain légèrement vallonné, à une faible distance du pied des Apennins. *Pistoie*, petite ville qui me rappelle la tenue d'un Concile quelque peu frondeur et entaché d'hérésie, qui eut lieu au XVIIIme siècle en faveur des partisans de Jansénius. De Pistoie à Bologne, la ligne entre en lutte avec la montagne, la perce, l'escalade, cherche à la contourner, puis la perce de nouveau, en des travaux d'art excessivement remarquables; la vue embrasse successivement des vallées profondes et des gorges redoutables; cependant que les tunnels se suivent, que les ponts se multiplient, que les torrents se précipitent en chantant, sur leurs lits de grosses pierres, que les villages apparaissent et disparaissent comme en un décor de cinéma. Voici, en partant, la superbe et fertile plaine de la Toscane, parsemée de villes et de villages, et Pistoie dans la profondeur, puis la vallée de l'Ombrone que traverse un haut viaduc; puis *Pracchia*, où la voie atteint son point culminant; un long tunnel de 2.725m marque la ligne de partage des eaux entre les deux versants; on entre dans l'étroite et pittoresque vallée du *Reno*, les tunnels alors se succèdent sans arrêt; on dirait vraiment qu'ils courent les uns après les autres, et tendent à se rejoindre, mais en vain; et le train essoufflé, désemparé, stoppe un moment à *Riola* pour laisser, sans doute, aux voyageurs le loisir d'admirer les cimes escarpées du mont Ovolo et du mont Vigese. Il repart, la vallée du Réno se fait encore plus étroite; on arrive à *Casalecchio di Reno;* là, dit-on, l'armée du pape Jules II — ce pontife soldat — fut battue par les Français en 1511. La voie s'incline fortement, le train accélère sa marche; *Bologne* se montre alors avec ses tours et ses clochers faits de fine dentelle; Bologne, une des villes les plus anciennes et les plus importantes de l'Italie, place forte et chef-lieu de l'Emilie, siège d'une Université renommée et d'un archevêché dont l'avant-dernier titulaire fut le Cardinal della Chiesa, devenu pape sous le nom de Benoît XV. Ici l'on dut changer de train pour Venise. De Bologne à Venise, ce ne sont plus les montagnes, c'est l'immense plaine, la riche plaine du Pô supérieur, avec ses canaux et ses rizières, c'est la Vénétie, si souvent foulée par les armées de mercenaires étrangers, par les ennemis de la République vénitienne, tant qu'elle fut indépendante et par les ennemis de l'Autriche, quand elle tomba sous le joug des Habsbourgs. Elle fut ainsi presque toujours pillée, mais la fertile nature de son sol ne tarda jamais à réparer les maux de l'invasion et les conséquences fatales des horribles guerres. A passer à travers ces champs si bien cultivés, on sent le bien-être des habitants, et l'on comprend aussi pourquoi ce pays était autrefois si convoité par les nations belliqueuses pour qui le respect de la propriété des autres n'était trop souvent qu'un vain mot. Voici *Ferrare*, ancienne résidence de la glorieuse cour des princes d'Este, qui atteignit son apogée au XVIme siècle, avec Alphonse Ier et Hercule II; le premier épousa la trop fameuse Lucrèce Borgia et fut le Mécène de l'Arioste et du Titien; le second eut pour compagne une femme de France, Renée, fille de Louis XII; c'est lui qui accorda un généreux asile à Calvin et à Marot persécutés. Plus loin, sur la ligne, on passe à Este, sans doute le berceau de ces princes; il y a là toute une chaîne de hauteurs volcaniques, les *monts Euganéens*, qui font un effet très curieux dans cette région partout ailleurs si unie; on ne s'attend pas à les rencontrer là et l'on est très surpris; le plus élevé de ces monts s'élève à 577^m, mais il en paraît d'avantage, tant il émerge au-dessus de la plaine basse que nous traversons.

Cependant nous approchons de l'Adriatique, nous allons vers un doux paradis de lumières et de fleurs, le ciel se fait plus bleu encore, l'air est plus embaumé. Nous passons *Padoue*, la ville universitaire, le Patavium des Romains. Je voudrais m'y arrêter quelques heures, non pour voir ses rues étroites, bordées de galeries basses, ses places animées, son palais de Justice, son Université, mais la basilique du grand Saint qui porte son nom, Saint-Antoine-de-Padoue. La ville garde vivant son souvenir, comme elle veille jalousement sur son tombeau; il est pour elle *il Santo*, le Saint par excellence, et elle n'a pas tardé à lui ériger cette basilique, puisqu'elle a été commencée en 1232, pour être achevée en 1424; et le grand thaumaturge franciscain mourut en 1231. *Mestre* est la dernière station sur le continent; c'est le nœud des lignes qui mènent à Vienne en Autriche, et à Trieste. C'est la gare aussi où descendent ceux qui veulent se rendre à Venise par la lagune, préférant la gondole pleine de poésie aux lourds wagons du train qui va faire le trajet sur l'immense jetée de près de quatre kilomètres, bâtie sur la mer pour relier Venise à la terre ferme; car celle qu'on a si bien nommée « la perle de l'Adriatique » jaillit tout entière du sein tranquille des eaux.

XXVI

Trois jours à Venise. — La Ville. — Coup d'œil général.

J'arrive à Venise, à 2 heures de l'après-midi. Ce n'est pas, je le sais, l'heure à laquelle il faut y arriver pour avoir l'impression la plus extraordinaire de cette ville unique au monde; c'est la nuit, par un beau clair de lune, quand elle s'endort, après avoir été irradiée tout le jour des feux d'un soleil ardent; c'est quand ses gondoliers se reposent à leur tour des fatigues d'une longue journée passée sur ses canaux ou sa lagune, c'est quand tout est silencieux et que vous ne voyez

Dans Venise, la rouge,
Pas un bateau qui bouge,
Pas un pêcheur dans l'eau,
Pas un falot.

(A. DE MUSSET).

Mais je n'étais pas assez libre de choisir le moment de mon arrivée, et puis j'aimais mieux encore aborder de jour, pour choisir mon hôtel, et prendre de la ville un premier aperçu. Elle est si curieuse, si déconcertante cette ville, au premier abord; vous ne savez où aller, comment vous orienter; les rues sont étroites, courtes; des ponts sans cesse vous arrêtent; on dirait d'un immense labyrinthe; vous voulez vous diriger à pied, et vous vous perdez à tout instant; vous arrivez à une impasse; c'est de l'eau; vous rebroussez chemin, passez et repassez de nouveaux ponts, et de guerre lasse, vous faites ce qu'il aurait fallu faire tout de suite, vous prenez le bateau, car les canaux ce sont à Venise les véritables rues, les seules qui vous mènent droit au but. En cette ville étrange, point d'automobiles, point de bicyclettes, aucun véhicule de quelque genre qu'il soit, puisqu'il faut toujours et partout traverser des ponts, et que ces ponts, tous semblables, sont surélevés de plusieurs marches de marbre, qui les mettent à quelques pieds au-dessus des rues pavées. Tous les transports se font par eau, lourds chalands conduits à l'unique rame. gondoles légères qui filent comme le vent, petits vapeurs, *vaporetti*, ou canots automobiles qui sont les autos des riches, et sur la lagune même, jolis voiliers aux blanches ailes, qu'on prendrait de loin pour des mouettes ou des alcyons.

Je prends donc, sur le *Grand Canal*, le bateau à vapeur qui fait le service public des voyageurs, il me rappelle les bateaux-mouches de notre Seine à Paris, et je contemple, en passant, tous ces palais de marbre qui s'alignent de chaque côté de la grande avenue sur eau. Les pieux en bois, qui se trouvent devant chacun d'eux, sont peints aux couleurs et portent le blason des riches familles auxquelles ils appartenaient jadis; car toute cette splendeur, c'est l'histoire d'autrefois, c'est le temps où Venise était maîtresse de la mer, quand ses Doges marchaient de pair avec les plus grands souverains de l'Europe, quand le Sénat imposait ses volontés et ses décrets à toute l'Italie; quand le commerce du monde ne se faisait que par elle. Aujourd'hui Venise a gardé sa beauté, mais elle a perdu sa puissance et sa force, et le souvenir de tant de grandeur passée semble être pour ses épaules un bien lourd fardeau. Je rêve à ce passé fastueux, à ces pages d'histoire étincelantes, tandis que le bateau descendant le canal, soulève de son hélice l'eau qui dort et fait jaillir sous lui des perles argentées; et j'arrive à *Saint-Marc*, le cœur même de Venise. Toutes les merveilles de l'art, toutes les richesses, nées du génie de l'homme, se donnent ici rendez-vous; elles viennent s'unir aux merveilles du site et se fondre avec elles dans une harmonie délicieuse. Peinture, sculpture, architecture semblent prendre les couleurs de la mer et les lignes du ciel; c'est un vrai décor de féerie. Je n'oublierai jamais l'impression que j'ai eue, quand je me suis vu pour la première fois sur cette *piazza di S. Marco*. Rien ne peut donner une idée plus parfaite de la grandeur et de la poésie de Venise, et nulle autre place au monde ne peut lui être comparée, si ce n'est celle de Saint-Pierre à Rome, encore l'aspect est-il bien différent! Elle mesure 175^{m} de long, sur 56^{m} de large à l'entrée, 82^{m} à l'extrémité, où vient se joindre à elle la *piazzetta*. Entièrement pavée de dalles de trachyte et de marbre, elle est bornée de trois côtés par des édifices magnifiques qu'on dirait ne former qu'un seul et immense palais de marbre noirci par le temps; l'autre côté, celui du fond est occupé par le Dôme de Saint-Marc, rutilant de lumière et la *piazzetta* qui donne sur la lagune. Des pigeons en nombre infini volettent en tous sens, et, sans gêne, viennent se percher sur les mains, sur la tête de ceux qui, par centaines, leur distribuent durant le jour des graines de maïs ou des miettes de pain; les marchands de blé de Turquie et les photographes font ici des affaires d'or. Ces pigeons de Saint-Marc, « quelles délicieuses petites créatures! J'aurais passé des heures et des heures en leur amusante compagnie. Tout férus d'orgueil, frétillants, importants, ils sont conscients d'être partie intégrante des attractions de la ville et ils n'ont rien de la simplicité de leurs frères ordinaires. Leurs manières sont affectées, un peu hautaines, presque arrogantes. Mesdames les pigeonnes se livrent à l'admiration du public avec autant de coquetteries que des professionnelles beautés et leurs amoureux ressemblent le plus comiquement du monde, à de graves juges anglais en robe et perruque.» (Louis D'ARVERS).

Sur la place, détaché de tout le reste, le campanile, qui s'était écroulé en 1902, et a été reconstruit dans le même style; il a tout près de 100^{m} de haut. A droite de la Basilique, la vieille Tour-de-l'Horloge, dont la plate-forme est surmontée de deux géants de bronze qui sonnent les heures en frappant sur une cloche.

Laissons la vieille horloge
Au palais du vieux Doge
Lui compter de ses nuits
Les longs ennuis.

(A. DE MUSSET).

Et entrons dans la somptueuse cathédrale. Elle a été construite pour servir de reliquaire aux restes vénérés de saint Marc, le patron de la ville, que des Vénitiens rapportèrent d'Alexandrie en l'an 829. Elle est de style byzantin avec un luxe d'ornementation extérieure presque oriental; des additions gothiques faites à la façade au XVme siècle lui donnent encore un aspect plus étrange.

Au-dessus du portail principal se trouvent quatre chevaux de bronze doré, hauts d'un mètre cinquante que le doge Dandolo apporta de Constantinople en 1204 et qui forment un des meilleurs quadriges antiques parvenus jusqu'à nous. On entre par un vestibule tout décoré de vieilles mosaïques; sur le pavé, trois dalles rouges rappellent l'endroit où l'orgueilleux Frédéric Barberousse se réconcilia avec le pape Alexandre III. L'intérieur de l'église est d'un effet saisissant; ce n'est pas, certes, la majesté de nos belles cathédrales gothiques et cette impression de divin qui s'en échappe, mais un amoncellement d'ors et de mosaïques, des couleurs chatoyantes, des effets grandioses de lumière, une vision d'Orient.

La piazzetta s'étend de la place Saint-Marc, en face de la Tour-de-l'Horloge et va jusqu'aux lagunes. Elle est bordée d'un côté par le palais des Doges, que je visiterai demain, de l'autre par la Bibliothèque, *libreria vecchia*. Au fond, deux colonnes de granit venues d'Orient, elles aussi, au XIIme siècle. L'une est surmontée du lion ailé de saint Marc, l'autre porte la statue de saint Théodore, monté sur un crocodile. Sur le quai, « le Môle », des centaines de gondoles amarrées attendent et sollicitent les étrangers qui veulent faire un tour sur la lagune ou se rendre aux îles voisines. Ma bonne fortune me fait rencontrer alors une famille de Paris; des pèlerins qui se rendent à Rome, en suivant mon itinéraire, mais en sens contraire. Ils me parlent de l'Italie, me racontent leurs impressions sur Milan, sur Vérone, sur Padoue, qu'ils ont déjà visités, me demandent quelques détails sur Rome; et finalement me proposent de faire avec eux une partie de gondole; nous parlementons avec un gondolier, car en Italie il faut toujours arrêter d'avance le prix des services demandés; on convient d'un prix assez rondelet, et nous montons en la barque légère, à la proue et à la poupe recourbées; le gondolier debout, d'un geste élégant et sûr, se tient à l'avant, et la frêle nacelle glisse sans bruit, sans effort, sur le miroir uni des eaux. Elle nous conduit à l'île Saint-Georges, *S. Giorgio Maggiore*, dont nous visitons l'église. L'entrée donne sur la lagune; l'intérieur nous offre à admirer quelques tableaux du Tintoret, un des maîtres de l'école vénitienne, des stalles magnifiques, et sur le maître-autel un grand groupe en bronze par G. Campagna. A la sortie, nous contemplons le paysage dont la vue est superbe; c'est le panorama de la ville, aux palais dentelés, aux nombreuses coupoles, aux clochers variés, aux flèches empourprées qui percent le ciel; tout autour, la lagune, le port, les vaisseaux de guerre de la marine italienne, les voiliers, les navires de commerce, et dans le lointain les monts Euganéens qui bornent l'horizon, à l'ouest. — « Oh! malheureux, stupide et méchant, qui contemple un pareil spectacle sans songer à remercier Dieu et sans regretter de n'avoir pas là tous ses amis! » (L. VEUILLOT).

Notre gondolier nous invite à remonter, et nous rentrons bientôt au point d'attache, satisfaits de notre petite excursion, à l'heure du soleil couchant, quand il fait si bon se promener à Venise. Je profite des dernières lueurs du jour qui s'achève pour retrouver mon hôtel, et me hasardant cette fois dans le dédale des rues étroites et enchevêtrées, demandant à maintes reprises mon chemin aux promeneurs bienveillants, j'arrive sans trop de peine. J'avais eu, en cette première après-midi, un aperçu général de la ville, assez net pour en pouvoir mieux jouir les jours suivants.

XXVII

Venise. — Le Palais des Doges. — Quelques églises.

Samedi 2 mai. — J'ai dit ce matin ma messe en l'église des Carmes déchaussés, comme à Gênes. En Italie, la plupart des églises sont desservies par des religieux; on ne les a pas, comme en France, hélas ! chassés de chez eux; on les aime, on les respecte, ils sont citoyens libres au même titre que les autres italiens, et des lois d'exception, lois néfastes et tyranniques, ne sont pas faites contre eux; les peuples étrangers ont, fort heureusement pour eux, une toute autre conception que nous de la liberté. Je dis cela en passant, sans vouloir faire de cette vilaine chose que l'on appelle, en France, la politique. — Et puis, j'ai repris le chemin de S. Marco, car je voulais visiter à loisir le palais des Doges, appelé aussi palais ducal. Il est sur la Piazzetta, et d'un côté, donne sur la lagune. Il passe pour avoir été fondé vers 814, au temps de Charlemagne (!) comme résidence du premier des doges; encore qu'on ne sache pas d'une façon bien sûre, quand ils ont commencé, puisque d'après certains, Venise remonterait, comme fondation, au VIIme siècle de notre ère et aurait eu des doges presque aussitôt. Quoi qu'il en soit, le palais actuel est postérieur, dans son ensemble, de quelques siècles à la date citée. La construction extérieure, à deux galeries gothiques superposées et qui est d'un si riche effet, date du XIVme siècle dans ses parties sud, tandis que la façade ouest aurait été élevée au XVme siècle par Giov. Buon et ses deux fils. On remarque surtout, pour la beauté, la *loggia* ou galerie du haut; c'est entre ses deux colonnes en marbre rouge que la république faisait proclamer ses sentences de mort. A l'intérieur une petite cour inachevée, puis à gauche, l'escalier des Géants par où l'on monte visiter le palais. Il est ainsi appelé à cause des statues colossales de Mars et de Neptune, œuvre de Sansovino, qui se trouvent en face de deux autres, moins gigantesques, Adam et Eve de Ant. Rizzo. Les salles, auxquelles le public accède par divers escaliers, l'escalier d'or, *scala d'oro* ou celui des

Censeurs, *scala dei Censori*, offrent le plus brillant spécimen de l'art vénitien, surtout grâce aux fresques où le Tintoret, Palma le Jeune, Paul Véronèse, Le Titien et autres ont glorifié la république.

Au premier étage, à droite de l'escalier des Censeurs, le musée archéologique, qui renferme des sculptures antiques en marbre, d'origine grecque et romaine, prises par les Vénitiens durant leurs guerres, une mappemonde du moine Fra Mauro, des bronzes de la Renaissance, des bas-reliefs antiques; à gauche du même escalier, la *Salle du Grand Conseil*, ample, spacieuse, où se réunissait le Conseil des nobles; des peintures superbes au plafond, dans le grand ovale près de la porte, la gloire de Venise, par P. Véronèse; dans le grand rectangle du milieu, le Doge Nic. da Ponte devant Venise, par le Tintoret; une frise ornée des portraits de soixante-seize doges commençant par Obelerio Antenoreo, mort en 810. Sur le mur de l'est, le Paradis, du Tintoret, le plus grand tableau à l'huile du monde entier, avec une foule extraordinaire de figures; sur les trois autres murs vingt et un grands tableaux de Léandre, de Fr. Bassan, de P. Veronèse, du Tintoret, illustrant l'histoire de Venise. — Près de la salle du Grand Conseil, la *Salle du Scrutin*, où avaient lieu les élections des doges. Elle est ornée, comme la première, de riches peintures et la frise contient les portraits des trente-neuf derniers doges, jusqu'à Louis Manin qui dut abdiquer en 1797 devant les armées victorieuses du général Bonaparte, quand Venise, la fière et indépendante cité, passa à l'Autriche, pour faire ensuite partie du royaume d'Italie en 1866.

Au second étage du palais, même magnificence de salles et de tableaux; les salles des Quatre-Portes, de l'Anticollège, du Collège, du Sénat, du Conseil-des-Dix, de la Boussole, des Trois-Chefs; ce sont toujours les mêmes artistes, et en plus Gabr. Caliari, Marco Vecelli, Aliense. On les retrouve également dans toutes les églises de la ville; il n'en est aucune qui ne possède quelque beau tableau des maîtres vénitiens. J'ai vu, dans l'une d'elles, c'est S. Sebastiano, un saint Nicolas, peint par le Titien à quatre-vingt-six ans, et dans une autre, à S. Salvatore, une Annonciation qu'il fit à quatre-vingt-neuf ans!

Du palais des Doges, on passe aux *prisons*, les prisons de Venise décrites par Silvio Pellico, en des couleurs si sombres et si terrifiantes. *Le Mie Prigioni!* Qui n'a lu ce livre avec attendrissement, qui n'a versé des larmes sur ces pages qui paraissent si pleines de sincérité? Qui n'a plaint de tout son cœur ces pauvres prisonniers politiques dont le seul crime était d'avoir trop aimé leur chère patrie et voulu l'affranchir du joug odieux de l'étranger? — On les visite, ces redoutables prisons qui, fort heureusement, ne servent plus aujourd'hui et l'on est effrayé en pensant que des hommes, pour délits politiques, aient été jetés vivants dans ces geôles infernales, où ne pénétrait ni air, ni lumière. Et l'on comprend les soupirs pénibles qui devaient s'exhaler de leurs poitrines étreintes, quand ils passaient de la salle du jugement à ce corridor qui donne, par deux fenêtres carrées, sur la lagune bleue, et qu'ils voyaient pour la dernière fois souvent, ce beau ciel de l'Italie, avant de s'enfoncer dans le sombre gouffre de l'oubli et de la mort lente. Le Pont-des-Soupirs, *Ponte dei Sospiri*, que l'on voit si bien du quai des Esclavons, rappelle ces tristes moments pour eux, ces minutes vraiment tragiques. — J'ai visité les *pozzi*, les puits, c'est bien le nom que méritent ces cellules creusées dans le rocher, au niveau de la mer, aux lourdes portes, aux sombres barreaux de fer; j'y ai vu la Chambre de la Question et le lieu des exécutions. Cette visite laisse l'impression d'une pesante tristesse; remontons vite à la lumière.

Le quai des Esclavons, que je viens de mentionner, est, je crois, le seul quai de Venise; il n'est pas très long, mais il est magnifique, c'est la promenade la plus animée et la plus ensoleillée de la ville. N'y cherchez pas des arbres, c'est une promenade toute dallée, qui va du môle à S. Biagio, l'on y rencontre trois beaux ponts de marbre, sous lesquels passent de petits canaux; au milieu du quai s'élève une statue équestre de Victor Emmanuel II.

A l'extrémité du Grand Canal se trouve une église qui fait à l'extérieur un très joli effet, avec ses coupoles et ses clochetons, c'est *S. Maria della Salute;* à l'intérieur elle offre de belles peintures du Titien. Comme autres églises intéressantes à visiter, je puis citer S. Salvatore, S. Giovanni Crisostomo, les Frari, S. Maria dei Gesuiti, dont l'intérieur est tout de marbre, avec le Martyre de saint Laurent par le Titien; SS. Giovanni e Paolo, église des Dominicains, où se célébraient les funérailles des Doges, où beaucoup d'entre eux ont leurs tombeaux.

Le Grand Canal, qui est l'artère principale de Venise, a près de 4 kil. de longueur su 70m de largeur et 5m20 de profondeur. Il traverse la ville du sud-est au nord-ouest en formant un *S* renversé. Trois ponts seulement en relient les deux rives, le pont de fer, près de S. Chiara qui mène à la station maritime, le pont du Rialto, qui a remplacé au XVIme siècle un vieux pont de bois, et se compose d'une seule arche en marbre de 27m70 d'ouverture sur 7m50 de haut; il est bordé de deux rangées de boutiques; enfin le pont de la Station ou de la Gare, qu'on voit tout de suite en arrivant. Sur tous les points du Grand Canal débouchent de petits canaux qui plus loin se croisent et s'entrecroisent, donnant accès dans toutes les directions.

Bien des personnes ne se rendent pas un compte exact de ce qu'est Venise; elles ne s'expliquent pas pourquoi toutes ces rues sur l'eau, pourquoi tous ces mille canaux qui sillonnent la ville. En voici la raison.

Venise est toute entière bâtie sur la lagune, qui est un bas-fond de l'Adriatique, long de 40 kil. et large de 15 kil. et que séparent de la pleine mer des dunes appelées *lidi*. Sur cette lagune se trouvaient, en très grand nombre, de petites îles, très rapprochées les unes des autres, quand au moment des invasions barbares, les habitants des villes du littoral, pour fuir les conquérants nouveaux et se mettre à l'abri de leurs coups, s'y réfugièrent. Ils bâtirent des maisons sur ces îlots, les appuyant sur pilotis pour en assurer la solidité, puis relièrent le tout par des ponts ou passerelles, de sorte qu'il se forma, entre les diverses constructions, des rues solides, sur le sol même des îles et des rues-canaux, séparant chacune des îles. On se rend très bien compte de ce fait, quand on a sous les yeux un plan détaillé de Venise. La ville apparaît comme un immense damier aux lignes irrégulières et aux casiers inégaux, avec autour d'elle, des îlots plus distants qui n'ont pu être reliés par des ponts; ce sont La Guidecca, l'Isola di S. Giorgio Maggiore, l'Isola di S. Pietro, formant caserne, et une autre île rectangulaire, qui est le cimetière. La ville aurait ainsi une surface mesurant environ 10 kil. de tour, avec 150 canaux, 117 iles et 378 ponts pour les réunir.

XXVIII

Venise. — Un Office à la Basilique S. Marco. Une Promenade sur le Lido.

Dimanche 3 mai. — Le jour se lève ravissant, pas un nuage dans le ciel bleu, l'air matinal est déjà tout embaumé des senteurs printanières, Venise s'éveille en beauté et se pare, dès l'aube, de ses rubis et de ses diamants; la joie est dans l'atmosphère; tout annonce une étincelante journée, une de ces journées que le soleil, à cette saison de l'année, fait si douce et si belle, sur le rivage de l'Adriatique. Et c'est dimanche! Je vais pouvoir jouir d'une Venise en fête, et garder de cette vision enchanteresse un souvenir impérissable.

Ma messe dite, toujours en l'église des Carmes qui avoisine la gare et mon hôtel, je me rends à Saint-Marc; la place est déjà animée; le bourdon du Campanile jette ses lourdes notes pour annoncer la messe solennelle qui se dira tout à l'heure, en la Basilique; les vendeurs de cartes postales et de souvenirs en mosaïque vont d'un groupe de personnes à l'autre proposer leur camelote et solliciter les clients, les pigeons accourent à l'appel des distributeurs de grains et reprennent leurs évolutions quotidiennes, le soleil dore de ses rayons déjà chauds la place qui se remplit graduellement. Je m'enivre un moment de lumière, je contemple la féerie du tableau, puis j'entre à l'église cathédrale pour y assister à l'office du matin. Elle est pleine de monde; ce ne sont pas des touristes qui visitent, mais des fidèles qui viennent prier. Je m'avance aussi près que je puis du chœur où déjà les chanoines, installés dans leurs stalles et vêtus de leur brillant costume qui les fait paraître comme autant d'évêques réunis pour un concile particulier, psalmodient les petites Heures de la fête de l'Invention de la sainte Croix. Quand sonnent 10 heures à la Tour-de-l'Horloge, la messe commence, trois prêtres sont à l'autel, qui accomplissent les saints rites, tandis qu'un chœur bien fourni de chantres et de chanteurs aux voix qui s'harmonisent admirablement, exécutent en musique une messe d'un grand maître; l'orgue les accompagne et les sons qu'il émet se répercutent à travers les nefs byzantines et pénètrent bien des âmes qu'ils font vibrer en silence. Comme on goûte alors la beauté, et le sens vraiment divin de nos cérémonies catholiques; comme l'on se sent fiers d'être chrétiens !

L'office s'achève, l'orgue se tait, l'église peu à peu se vide, chacun reprend sa liberté si fièrement et spontanément donnée à Dieu pour l'heure du grand devoir dominical.

Je quitte le Dôme et la Piazzetta pour aller passer quelques heures au *Lido*, avant que la foule, cet après-midi, l'envahisse et le gâte. Car le Lido, c'est la promenade favorite des Vénitiens et de toutes les localités voisines du littoral; c'est le rendez-vous de toutes les classes de la société, le dimanche; c'est la partie de plaisir dont tous, petits et grands, riches et pauvres, veulent jouir.

J'ai entendu bien des étrangers, des Français surtout, manifester leur déception au sujet du Lido de Venise; ils s'attendaient sans doute à voir ce rivage de l'Adriatique tant vanté, bordé comme nos belles plages à nous, Biarritz, La Baule. Paramé, Trouville, de riches et grandioses hôtels, de casinos étincelants, de châlets pittoresques et variés; et ce n'est pas cela. La plage apparait plutôt nue, un Hôtel des Bains sur une extrémité, un Excelsior-Hôtel à l'autre; tout un camp de tentes qui sont les cabines des baigneurs et c'est tout. Mais quand ce qui vous attire à la mer, ce n'est pas l'à-côté du rivage, ni ses somptueuses demeures; quand on n'y vient que pour elle-même, pour ses charmes infinis, pour son horizon sans limites, pour ses couleurs chatoyantes et qui varient sans cesse, alors on n'est pas, on ne peut pas être déçu. Le Lido ne m'a pas trompé; j'y suis venu hier, et je l'ai trouvé beau; j'y reviens aujourd'hui, et il m'apparaît plus beau encore; surtout à l'heure de midi, lorsque je suis seul sur la plage et que devant l'immensité bleue mon œil aime à se perdre. Mon âme épanouie rêve à Dieu, à ses magnificences, et chante l'hymne de la reconnaissance en présence des flots calmes et doux, qui la pénètrent et qui la bercent.

On va de Venise au Lido, en gondole légère, ou par ces grands vapeurs qui font le service des voyageurs à tout instant du jour, car le Lido est une île assez peuplée, en relation constante avec la ville, dont elle pourrait constituer un gros faubourg extérieur, une banlieue séparée par toute la largeur de la lagune. Elle a ses églises, ses écoles, son commerce, de beaux magasins, de riches hôtels, des pensions de premier ordre et des promenades où peuvent circuler, ce qu'on ne voit pas à Venise, je l'ai dit, des automobiles, des bicyclettes, des voitures ordinaires, quoiqu'en nombre fort restreint. Cette île, toute en longueur et que d'autres îles accompagnent sur une même ligne, et dans un même plan — on dirait un immense banc de sable qui ferme la lagune et protège la ville contre les incursions par mer — cette île est un lieu de villégiature très fréquenté, deux lignes de tramways électriques en font le tour, et mènent au rivage qui regarde l'Adriatique.

J'arrive sur ce rivage à l'heure où tout est calme et silencieux. Je m'y promène à l'aise, sur le sable ensoleillé, interrogeant l'horizon sans fin, et apercevant dans le lointain les barques des pêcheurs qui sont allés jeter leurs filets en pleine mer et qui bientôt les tireront, d'un geste lent et cadencé, pour les vider sur la plage et faire le tri des poissons qu'ils contiennent. C'est une scène qui me rappelle les pages évangéliques et occupe un long moment mon esprit et mes yeux. Aux filets sont attachées des cordes longues de plusieurs milliers de mètres, les pêcheurs, au nombre de six et huit par barque, en tiennent les extrémités entre leurs bras noueux et les déroulent à mesure qu'ils regagnent la rive en bateau; quand ils sont arrivés au point où l'eau n'est plus assez profonde pour permettre à leur embarcation d'approcher davantage, ils en descendent, tenant toujours leurs cordes, et se mettent à tirer les filets d'un geste uniforme; ils sont maintenant sur la plage déserte, et redoublant d'efforts et de courage, on les voit se courber, puis se pencher en arrière; les filets avancent lentement, lentement; les cordes nouées tous les cent mètres s'enroulent à leurs pieds; ils les détachent par fragments, un enfant se saisit des rouleaux à mesure qu'ils se font et va les porter aux barques amarrées dans le sable. Cependant, après un long travail pendant lequel insensiblement la plage s'est garnie de monde, on voit apparaître les réseaux de mailles des filets. On fait cercle pour être les témoins de la pêche; sera-t-elle miraculeuse ou simplement suffisante pour rémunérer le labeur de ces hommes? On le saura dans un instant. Voici les filets hors de l'eau, les pêcheurs les vident sur la grève. Ils ont des baquets tout préparés; le poisson étonné et peu ravi frétille sur le sable; on voit des poulpes en abondance; c'est un régal en Italie; je l'ai constaté déjà à Naples, et elles se vendent fort cher; il y en a de toutes dimensions, puis de gros crabes, des soles, des limandes, une infinité de poissons minuscules, qui, les imprudents, n'ont pas su, à temps, franchir les mailles, assez larges pourtant du filet, et passer leurs toutes menues personnes, et aussi... des hypocampes, ce crustacé si curieux avec sa tête de cheval et son corps recourbé. Les pêcheurs ont vite choisi leur proie; tout ce qui ne leur servira pas, ils l'abandonnent aux enfants pauvres qui remplissent leurs mouchoirs ou leurs casquettes du fretin sans valeur. Une quête très discrète se fait par ces rudes mariniers, et comme tout plaisir mérite un salaire à celui qui le procure, les petites pièces et les gros sous tombent dans la sébile qu'ils présentent. Je pensais aux apôtres, nos pères dans la foi, qui, avant d'êtres pêcheurs d'hommes, avaient, eux aussi, jeté si souvent leurs filets dans la mer de Tibériade, et quand le Maître les avait simplement regardés, avaient fait de si belles captures de ces poissons, qu'ils vendaient au marché de la ville voisine, pour leur propre subsistance.

Cependant, vers quatre heures de l'après-midi, les tramways ont déposé sur le rivage tant de promeneurs, la foule est devenue si dense et si compacte qu'il n'y a plus de place pour moi. J'ai hâte de m'échapper et de fuir cette multitude bigarrée qui gâte mes douces rêveries. Je traverse l'île, devenue à cette heure du jour, une fourmilière humaine, je reprends le bateau qui me ramène sur le Môle et à la Piazzetta, à temps pour assister en l'église de Saint-Marc à l'office des vêpres. Ce sont des vêpres solennelles, en raison de la fête de la sainte Croix, et comme l'insigne Basilique possède un fragment appréciable de la vraie Croix du Sauveur, une procession dans laquelle est portée, sous un dais, la précieuse relique, a lieu après le chant des psaumes vespéraux. Elle se déroule dans le cadre merveilleux du Dôme étincelant d'or et de mosaïque; formée d'un nombreux clergé, que précède, derrière la croix, une longue théorie d'enfants de chœur et de chantres en surplis; les chanoines, portant des cierges, marchent en avant du pavillon de soie précieuse, sous lequel le célébrant tient la portion du bois sacré qui racheta le monde; derrière, entourée de ses Vicaires généraux, Son Eminence le Patriarche de Venise, revêtue de la pourpre cardinalice, suit dans l'attitude de la prière et du recueillement le plus profond. C'est Monseigneur La Fontaine; son nom est français, bien français même, mais lui est italien; il a succédé à Pie X sur le siège patriarcal de Venise, et son nom fut cité, lors du dernier Conclave, parmi ceux des Cardinaux qui pouvaient être donnés comme successeur à Benoit XV.

A la sortie de Saint-Marc, je suis retourné sur la lagune, au quai des Esclavons pour revoir une dernière fois le spectacle de la mer et de ses îles. Le coup d'œil était vraiment féerique. Sur l'eau qui se parait des derniers reflets d'un beau soleil couchant, et s'irradiait des plus vives couleurs, barques, gondoles, voiliers, périssoires, yachts et canots automobiles évoluaient en tous sens; de gros *vaporettis* à deux et trois étages, ramenaient du Lido la foule des promeneurs, qu'ils déversaient sur le quai, non loin du palais des Doges; de puissants navires de guerre, croiseurs et cuirassés, passaient et repassaient devant nous, comme pour nous donner une idée des forces marines de l'Italie renaissante; c'était quelque chose de grandiose, d'étonnant, de superbe; on se sentait à un spectacle particulier, à une fête toute spéciale. Et tout-à-coup, presque sans transition, comme sous l'effet d'un coup de baguette magique, la lagune s'est tue, les voiliers sont rentrés au port en repliant leurs blanches ailes, les gondoles ont repris leurs positions de repos, la fête s'est arrêtée, le spectacle a pris fin. Venise va sans doute s'endormir sous la lune qui ne tardera pas à paraître. Pour moi je suis rentré à mon hôtel, à pied jusqu'au Rialto, par le beau et très riche quartier de la Merceria, passant devant S. Marco pour la dernière fois, et saluant les lions de pierre accroupis à l'extrémité de la place. Au Rialto, j'ai pris le *vaporetto* qui m'a descendu au pont de la gare, à deux pas de l'endroit où je devais dîner, puis me reposer, pour la nuit, des fatigues d'une émouvante journée.

Vous qui projetez d'aller un jour en Italie; ah! ne négligez pas de visiter Venise. Avec Rome et Naples, elle constitue ce qu'il y a de plus merveilleux à voir dans ce pays où tout est beau, tout est merveilleux, tout attire et retient.

XXIX

De Venise à Milan, par Vérone et Brescia.

Lundi 4 mai. — Et ce n'est pas sans un serrement de cœur, qu'on la quitte pour ne peut-être jamais plus la revoir. Il le faut cependant; je dois rentrer en France, où me rappellent les occupations d'un ministère varié et les soucis de la vie ordinaire. Mon pèlerinage en Italie va bientôt s'achever, et il me reste encore à voir quelques lieux chers et attirants. Je prends à 9 heures 35 mon billet pour Milan et Turin. Je vais traverser ainsi toute la haute Italie, plaine immense et fertile entre toutes qu'arrosent l'Adige et le Pô; plus de montagnes, si ce n'est dans le lointain, mais quelques collines gracieuses viennent rompre de temps à autre ce que la plaine aurait de trop monotone.

De Venise à Padoue, le trajet est connu déjà. De Padoue la ligne remonte légèrement vers le nord et atteint *Vicence*, l'antique Vicetia, la patrie d'André Palladio, dernier grand architecte de la Renaissance, auquel la ville doit quantité de palais magnifiques, puis elle redescend, passe à *Montebello*, et non loin d'*Arcole*, lieux célèbres dans la grande épopée napoléonienne. Voici *Vérone*, la vieille cité « encerclée dans un cirque de collines sur lesquelles s'étagent villas et châteaux parmi les tamaris dentelés, les cyprès fuselés, les majestueux cèdres et les magnolias géants. » (D'ARVERS). C'est la plus importante, après Venise, des villes de la Vénétie, c'est aussi la plus belle ancienne; résidence de Théodoric le Grand, le roi des Ostrogoths, elle a toujours été dans le passé une place de guerre importante. Patrie du grand peintre Paul Véronèse, elle est aussi celle de saint Pierre martyr; et Shakespeare l'a illustrée encore, en y plaçant l'action de sa tragédie de Roméo et Juliette.

Entre Vérone et Brescia, c'est le *lac de Garde* dont on longe assez longtemps la rive inférieure, lac merveilleux, comme tous ceux d'Italie, qui mesure cinquante cinq kil. de longueur sur cinq à dix-sept de largeur et forme une superficie totale de trente sept mille hectares. Son extrémité Nord appartenait à l'Autriche, faisant partie du Tyrol, mais depuis les derniers traités de paix, après la grande guerre mondiale, il est maintenant tout à l'Italie, qui a vu s'étendre et reculer ses frontières septentrionales. Une croupe montagneuse, le mont Balbo (2.218^{m}), qui le sépare de la vallée de l'Adige, vient se terminer en promontoire sur sa rive orientale et produit un effet surprenant; tout le reste du pourtour est encadré de rochers escarpés et de collines vraiment pittoresques : à l'Ouest sont situés sur ses bords de jolis villages avec de grands hôtels pour les touristes fort nombreux et les familles qui séjournent l'hiver et l'automne dans cette merveilleuse contrée à l'abri des vents froids et sous l'influence d'un soleil toujours chaud.

Brescia apparaît ensuite, qui rappelle notre héroïque Bayard, le Chevalier sans peur et sans reproche, et Gaston de Foix, le gentil neveu du roi : tous deux s'illustrèrent à la prise de cette ville.

Puis, nous arrivons à *Milan*, après avoir passé de nombreuses rizières que nous retrouverons encore jusqu'aux environs de Turin.

XXX

Milan.

La capitale de la Lombardie, l'antique Mediolanum des Romains est, après Naples, la plus peuplée des villes de la péninsule. Au centre d'une contrée prospère, elle occupe le premier rang en Italie pour le commerce et l'industrie, ses nombreuses fabriques de soieries, de tissus de laine et de coton lui assurent la richesse et le bien-être; aussi a-t-on, en parcourant ses rues, ses avenues, ses promenades, l'impression que tout le monde y est heureux et gagne bien sa vie; point de pauvres en apparence, pas de mendiants qui vous tendent la main où se tiennent à la porte des églises et des édifices publics. D'ailleurs la mendicité, qui était autrefois une des plaies de l'Italie, tend à disparaître complètement et même les petits enfants pauvrement vêtus, qui vous demandent un petit sou, un soldo, peuvent être aujourd'hui facilement comptés.

Milan est une ville, qui a joué dans l'histoire, un rôle toujours important. Très forte cité, déjà sous les Romains, elle n'a fait que s'accroître depuis lors. Rasée en 1162 par Frédéric Barberousse, à l'exception de quelques églises dont celle de Saint-Ambroise, elle a été rebâtie cinq ans après, par les villes alliées de Brescia, de Bergame, de Mantoue et de Vérone. Plus tard elle se vit disputée par deux grandes familles rivales, les Visconti et les Sforza, qui la gouvernèrent tour à tour, de 1277 à 1535, puis elle passa sous la domination de Louis XII et de François Ier, pour tomber ensuite sous celle de Charles-Quint et des rois espagnols. Devenue en 1814 vassale de l'Autriche, elle fut délivrée du joug étranger par la Révolution Française et l'Empire, mais y retomba après la chute de Napoléon. Elle fut enfin réunie à l'Italie en 1859.

L'art milanais compta des maîtres très réputés. Bramante et Léonard de Vinci, entr'autres, qui firent de nombreux disciples. Milan fut la patrie du poète latin Cœcilius, de Valère-Maxime, de Manzoni et de plusieurs papes. Parmi les grands évêques et archevêques qui l'ont illustré, on connaît saint Ambroise, aux leçons duquel se convertit saint Augustin, les deux Cardinaux Borromée : Saint Charles et son neveu Frédéric, qui se sont distingués par leur courage et leur charité pendant deux tristes épidémies de peste et enfin son dernier Pontife, le Cardinal Ratti, qui gouverne aujourd'hui l'Eglise universelle sous le nom de Pie XI.

A qui veut avoir, dès le premier abord, une vue d'ensemble sur cette grande ville, il faut prendre, tout près de la gare centrale, le tramway dit de circonvallation, qui en fait le tour, puis s'engager par la porte Umberto et la rue Principe Umberto, à l'intérieur même de la Cité, admirablement d'ailleurs desservie par les lignes électriques.

La place du Dôme ou de la Cathédrale est le centre de la ville ; elle est entourée. au nord et au sud, de palais grandioses, construits sur les plans de Mengoni. Au milieu de cette place, en face du Dôme, s'élève la statue équestre du roi Victor-Emmanuel II, en bronze.

Le *Dôme*. il Duomo, est certainement la merveille de Milan. C'est, je crois, la plus vaste église de l'Europe, après Saint-Pierre-de-Rome ; elle peut contenir quarante mille personnes, et elle donne bien, à l'extérieur, comme à l'intérieur, l'idée de sa grandeur. Elle a 148^{m} de long, sur 88^{m} de large au transept et 67^{m} 50 à la façade. La coupole a 68^{m} et la tour qui la surmonte 108^{m} à partir du sol. Tout l'édifice est en marbre, d'un joli effet ; le dehors présente une forêt de pinacles gothiques, surmontés de statues ; on en compte environ deux mille, de grandeurs différentes, mais la plupart d'une taille au-dessus de la nature. Ces pinacles et ces statues peuvent être vus de près, car un escalier, donnant dans une chapelle à droite, permet de monter sur les plates-formes successives du Dôme et de s'y promener à l'aise. J'ai lu autrefois que les Milanais aimaient, le dimanche et les jours fériés, faire l'ascension de leur Cathédrale, et prendre sur les toits un dîner, que je n'appellerai pas champêtre, mais aérien ; je me rends compte aujourd'hui de la possibilité du fait, car j'ai vu moi-même un restaurant-buvette, installé sur ces promenades suspendues. Cela ne manque ni de charme, ni de pittoresque.

Tout le monde ne goûte pas l'extérieur curieux de cette cathédrale aux mille clochetons; d'aucuns trouvent le style plus original que vraiment beau; je me garde d'apprécier; mais où chacun doit convenir de la beauté architecturale de l'église, c'est en ce qui regarde l'intérieur même. On est frappé d'étonnement et ravi, en entrant sous ces voûtes superbes, élancées, majestueuses, devant ces énormes piliers gothiques qui mesurent seize pas de circonférence et que décore, au lieu de chapiteaux, une couronne de niches en tabernacle avec des statues. Le pavement est fait d'une mosaïque de marbre.

Près de la porte d'entrée, à l'intérieur de l'église, se trouvent deux énormes monolithes de granit; puis tout le long des bas-côtés et du transept, des monuments, des tombeaux, des statues de personnages importants, podestats, archevêques ou princes milanais.

Devant le chœur, sous la coupole, la chapelle souterraine de Saint-Charles-Borromée qui renferme son tombeau; elle est décorée de dorures et de pierres précieuses; à côté, le chapitre où les chanoines chantent ou psalmodient l'office.

J'ai vu, dans la cathédrale, une statue moderne de la Vierge, toute encadrée de lumières et entourée d'ex-votos; la foule s'en approchait avec empressement et priait avec ferveur; j'ai pensé que ce devait être un lieu de pèlerinage local à la Mère de Dieu. Ce même jour, où je visitai le Dôme, on avait exposé sur l'autel à la vénération des fidèles, un des clous du divin Crucifié, que possède l'insigne basilique, car c'était l'octave de l'Invention de la sainte Croix; et tous ceux qui passaient, visiteurs étrangers ou fidèles de Milan, s'arrêtaient pour vénérer ce très précieux vestige de la Passion du Maître.

Une autre église de Milan, fort intéressante, par ses origines et son histoire, et qui mérite, je ne dis pas une visite, mais toute une étude, c'est *S. Ambrogio*, situé à l'ouest de la ville actuelle. Une partie de cet édifice roman remonte à l'époque du grand Docteur de l'Eglise latine, au IVme siècle, et l'autre est du XIIme siècle. Il est précédé d'un bel atrium qui renferme des restes de vieux tombeaux, des inscriptions et des fresques. L'intérieur est très curieux; on y trouve une antique chaire, un vieux trône épiscopal, la pierre tombale de Pépin, fils de Charlemagne, et une inscription moderne de l'ancien tombeau de Louis II, mort en 875. Dans la crypte, un reliquaire d'argent où sont les restes précieux de saint Ambroise, de saint Protais et de saint Gervais. Cette église, vénérable entre toutes, a le titre de Basilique, possède un Chapitre de chanoines, comme la cathédrale et est honorée de grands privilèges, en souvenir de saint Ambroise qui dans ce lieu instruisit et baptisa saint Augustin, en 387, et deux années plus tard refusa l'entrée de la maison de Dieu à l'empereur Théodose, souillé du meurtre des habitants de Thessalonique. Pie IX et Léon XIII ont tous deux ici leur statue; l'une est à l'intérieur de l'édifice, l'autre sur la petite place qui l'avoisine; j'ai admiré surtout cette dernière.

S. Lorenzo est une église également très ancienne, et dans le même quartier que Saint-Ambroise : ce devait être le centre de la ville romaine; c'est là du moins que se retrouvent plus nombreux les vestiges des monuments de la cité latine; des restes de temples, un portique de seize colonnes corinthiennes très bien conservées, sous lesquelles il faut passer pour entrer à Saint-Laurent. L'église Saint-Eustorge, près de là, possède le superbe tombeau en marbre de saint Pierre martyr, ce dominicain de Vérone qui fut assassiné en haine de la foi par les hérétiques albigeois ou manichéens du XIIIme siècle et dont le culte est très populaire dans toute la haute Italie et l'Italie centrale. J'en ai déjà parlé à propos d'Assise.

Milan garde un vivant et fidèle souvenir du grand artiste qui fut Léonard de Vinci. J'ai vu, sur la place de la Scala, son monument avec les quatre statues de ses meilleurs élèves, placées autour du piédestal. Quant à son chef-d'œuvre, la Cène, il orne le réfectoire de l'ancien couvent des Conventuels qui se trouve tout près de l'église de Sainte-Marie-des-Grâces, et fait l'objet de l'admiration de tous les vrais connaisseurs. Ceux-ci, d'ailleurs, ont encore l'avantage de visiter et d'étudier en détail la galerie de tableaux du musée Poldi-Pezzoli, et la Biera ou palais des Sciences et des Arts, où sont réunies de bonnes toiles vénitiennes, hollandaises, flamandes, et quantité de fresques et tableaux de l'école lombarde.

Ce qu'il serait encore intéressant de visiter à Milan, c'est la Bibliothèque ambrosienne qui compte un très grand nombre d'ouvrages imprimés et manuscrits, entre'autres, le « Codex atlanticus », recueil de dessins et d'autographes de Léonard de Vinci et un manuscrit de l'Iliade orné de miniatures du IVme ou Vme siècle. On pourrait aussi faire la visite du château, ancienne résidence des Visconti et des Sforza, qui contient un beau musée archéologique et de riches collections artistiques de la ville. Mais il faudrait, pour tout voir, rester une semaine au moins, à Milan, et ce ne fut pas mon cas.

XXXI

Turin. — Adieux à l'Italie.

Mardi 5 mai. — J'ai quitté la cité de Manzoni, l'auteur si justement réputé et apprécié des « Promessi Sposi », le mardi, 5 mai, à midi, me dirigeant sur Modane par Turin. Le retour en France par la Suisse, en suivant la ligne de Côme et Lugano, ou celle de Domodossola, eût été certainement plus agréable et m'eût permis de voir les beaux lacs, chantés par les poètes et écrivains de l'Italie, le lac de Côme et le lac Majeur. Mais il me fallait, au retour en France, m'arrêter quelques jours en Savoie, et le chemin le plus direct étant celui de Turin, je dus le prendre.

Le train traverse, à la sortie de Milan, une large plaine, toute formée de rizières qui restent inondées deux mois de l'année, puis il arrive à *Magenta,* célèbre par la victoire que l'armée franco-sarde remporta, le 4 juin 1859 sur les Autrichiens. Le général de Mac-Mahon y gagna son titre de duc, et la Lombardie entière fut délivrée du joug de l'Autriche. De la gare on aperçoit le monument que Napoléon III fit ériger en ce lieu à la mémoire des héros fauchés par la bataille ; plus loin, sur une colline, se voit un ossuaire, une chapelle, et la statue du général vainqueur.

On arrive à *Novare,* ancienne place forte, où les Autrichiens remportèrent sur les Piémontais, le 28 mars 1849, une bataille décisive à la suite de laquelle le roi Charles-Albert abdiqua ; puis, après avoir traversé la Sésia et la Doire Baltée, à *Turin,* ville très importante sur la rive gauche du Pô. Capitale autrefois du Comté de Piémont, et résidence temporaire des Ducs de Savoie, elle devint par la suite capitale du royaume de Sardaigne, puis du royaume d'Italie de 1859 à 1865, et fut le vrai centre du mouvement qui devait créer l'unité italienne. Ses fortifications furent rasées en 1801 par les Français, et elle est devenue aujourd'hui une grande ville aux rues régulières, qui se coupent en angles droits. C'est une ville, à mon sens, trop symétrique ; elle est, en plus grand, ce qu'est chez nous Vitry-le-François. Elle possède quelques beaux monuments, celui de Victor-Emmanuel II, la statue équestre d'Emmanuel-Philibert, l'académie des sciences qui contient un musée d'antiquités et une galerie de peinture ; un monument au roi Charles-Albert. quelques palais remarquables, le palais royal, le palais Madame, le palais Carignan, l'hôtel de ville. Parmi les églises les plus remarquables, je citerai la Cathédrale, consacrée à saint Jean-Baptiste, où l'on peut admirer la chapelle du Saint-Suaire, construite en 1694 par Guarini. Elle est ornée de quatre monuments funèbres que le roi Charles-Albert fit ériger à ses aïeux en 1842. La très précieuse relique, qui fait l'objet d'un pélerinage célèbre, le suaire ou linceul de Notre-Seigneur a été apportée autrefois de Chypre à Chambéry, puis déposée à Turin vers 1578. — Sur une colline, à l'est de la ville, on aperçoit dans le lointain, une église de style particulier. C'est la Basilique de Superga, le saint Denis des rois du Piémont, qui a remplacé l'église de Hautecombe en Savoie. On jouit, du haut de la colline, d'un coup d'œil superbe sur la chaîne des Alpes, sur les Apennins, la vallée du Pô et les collines de Montferrat.

Avec Turin se termine mon voyage en Italie. Je vais reprendre, de nuit, le chemin de Modane, que j'ai fait de jour, à l'aller. De nombreux émigrants remplissent mon train, familles entières d'ouvriers qui quittent le sol natal et viennent en France chercher du travail et une orientation nouvelle; déracinés, qui veulent se transplanter sur notre terre généreuse et accueillante; c'est chaque jour qu'on en voit ainsi par centaines venir grossir le nombre des travailleurs français, souvent même les remplacer dans les fermes et dans les usines. Je ne sais quels sentiments les animent en ce moment, s'ils regrettent la patrie perdue, s'ils ont dans le cœur et dans l'esprit les pensées sublimes qu'exprime Manzoni dans les *Fiancés*, quand à propos du départ de Lorenzo pour une contrée, qui est encore l'Italie, il parle de cet adieu aux montagnes si chères, aux plaines tant aimées, aux villages bien connus, aux maisons semblables, sur le flanc des côteaux à des agneaux qui se repaissent tranquillement. Pour moi, je sais bien que, n'étant pas italien, j'éprouve cependant une peine immense à quitter ce pays que le ciel a si richement doté, cette région aux sites variés et enchanteurs, terre classique des arts et des sciences, berceau des nations latines auxquelles nous associent tant de souvenirs communs ! L'Italie, nom évocateur entre tous, des plus splendides promesses, des rêves les plus beaux, et dont les réalités sont encore plus belles; contrairement à certains pays, qui dans la pensée vous apparaissent une féerie et vus, ne répondent pas à l'image trop idéalisée que vous vous en étiez faite depuis longtemps, l'Italie ne vous apporte aucune déception, aucun désenchantement, nulle désillusion. Elle est ce que vous la rêviez, et mille fois plus belle encore, et vous la quittez avec le regret de ne l'avoir pas assez bien vue, assez bien étudiée, assez contemplée, et vous vous dites à vous-même avec sincérité : j'y reviendrai, je la reverrai encore, je m'enivrerai davantage, si possible, de toutes ses beautés, de toutes ses richesses, de tous ses charmes; je repaîtrai mon âme des attraits captivants de sa séduisante nature; je respirerai de nouveau son air embaumé des parfums les plus pénétrants, je m'abriterai sous son ciel toujours bleu; je me reposerai à l'ombre de ses vertes collines, ou de ses hautes montagnes, sur les bords attirants de ses lacs azurés ou sur le rivage des mers qui l'entourent; et je rêverai une fois encore à sa vieille histoire, dont les épisodes ont bercé ma jeunesse écolière, la descente d'Enée et de ses compagnons sur sa terre du Latium, la fondation de Rome par les petits-fils de Numitor, qu'une louve allaita; l'établissement d'une république forte et prospère qui subjugua l'univers, les luttes intestines et les guerres civiles qui préparèrent sa chute; puis, plus près de nous et moins légendaires, l'invasion des Barbares au Vme siècle, la formation des petits Etats du Moyen Age, les expéditions successives, semblables à de triomphales chevauchées, de nos rois chevaleresques Charles VIII, Louis XII et François Ier; la domination espagnole et autrichienne, la grande épopée de Bonaparte, cueillant sous ses pas des gerbes de lauriers et promenant ses vieux grognards vainqueurs au milieu de ses plaines fertiles; enfin, à notre époque, la réalisation d'un rêve millénaire, l'union d'un grand pays sous un même sceptre, sous une même autorité; accomplie, hélas ! mais Dieu le permettant avec des vues plus hautes que les nôtres, au détriment de la Papauté, qui, perdant sa royauté temporelle, voit, par une juste compensation, s'accroitre et s'étendre son prestige divin à travers le monde.

XXXII

La Savoie. — Annecy, son lac et le berceau de saint François de Sales.

Mercredi 6 — Vendredi 8 mai. — Visiter la Savoie, admirer ses sites étonnants, c'est encore, semble-t-il, continuer le voyage d'Italie ; n'est-elle pas une ancienne province du duché de Piémont, du royaume de Sardes, bien française, sans doute, par ses mœurs et par sa langue, mais qui retient encore tous les charmes de la péninsule et rappelle, par ses vieux monuments, la période de son rattachement à la domination piémontaise, au joug bienfaisant de ses princes Humbert et Amédée ? Je connaissais, pour l'avoir parcourue avant la grande guerre, la région si fréquentée du Mont-Blanc ; Chamonix et ses glaciers, la sauvage vallée de l'Avre, torrent impétueux qui s'échappe des hauteurs neigeuses et s'en va, modérant son allure à mesure qu'il approche, se jeter dans le Rhône, à sa sortie du lac Léman ; j'avais tenté l'ascension du mont Brévant, et traversé le fleuve de glace des Bossons ; j'avais vu les gorges lumineuses de la Diosas, tout près de Servoz, et de la route qui mène à la gare, contemplé, ravi, la blanche cime du roi des montagnes d'Europe, qui s'était soudain découvert dans un ciel d'azur. J'étais allé jusqu'au Fayet et à Saint-Gervais où m'était apparue la route difficile qui mène au sommet du géant. Mais j'ignorais encore Annecy et ses environs pittoresques. Je m'y arrêtai quelques jours.

De Modane où nous passâmes la douane française et changeâmes ce qui nous restait de monnaie italienne, nous allâmes, de nuit, jusqu'à Aix-les-Bains, en passant par Chambéry. A Aix, nous dûmes attendre assez longtemps la correspondance pour Annecy ; le jour se levait sur les montagnes qui bornent l'horizon de la célèbre petite ville balnéaire, jour sombre, et s'annonçant maussade ; de gros nuages noirs tenaient tout le ciel, et la pluie n'attendait que le moment de se précipiter sur la terre. Sur le quai, malgré l'heure matinale, grand branle-bas ; des servantes, des garçons de restaurant installent en toute hâte des tables, faites de planches posées sur des tréteaux, y disposent des bols et des couverts en très grand nombre, et s'apprêtent à recevoir des hôtes sans doute fort pressés. Ce sont des Anglais; deux longs trains remplis de fils d'Albion qui s'en vont à Rome faire le pèlerinage de l'Année sainte. Ils descendent de leurs compartiments, envahissent le quai, s'en vont aux tables, et prennent posément, flegmatiquement, leur léger breakfast : du café au lait, des petits pains, quelques sandwichs. Des prêtres les dirigent, revêtus de leur costume clergyman, et portant au bras droit un insigne dont la couleur varie suivant le train ou la fonction. Ce sont des catholiques de la protestante Angleterre, mêlés de quelques dissidents, qui vont rendre hommage au Pape, si longtemps méconnu ou insulté dans leur pays, mais qu'aujourd'hui on révère ou du moins on respecte, car les temps et les idées ont bien changé depuis la Réforme, et je ne doute pas que Pie XI, quand dans quelques jours, il les recevra en ses appartements du Vatican, ne les accueille avec une bonté toute spéciale, comme des fils qui retournent au bercail du Maître divin, et viennent se ranger sous la houlette du premier et souverain pasteur des âmes, de celui auquel Notre-Seigneur a dit, et cela pour toutes les époques à venir : « Paîs mes agneaux, pais mes brebis, sois pâtre de mon troupeau tout entier ». Le déjeuner achevé, ils remontent joyeux dans leur train respectif, après avoir, un certain nombre d'entr'eux, jeté hâtivement dans la boîte aux lettres de la gare, la carte-postale qui dira à leurs parents ou amis d'Outre-Manche, leur passage, dans la brume fraîche et grisâtre du matin, en la petite ville d'Aix-les-Bains, si chère à leurs compatriotes avides de nos stations thermales et de nos montagnes. Aix est, en effet, très fréquentée par les Anglais; la reine Victoria y possède sa statue, et les hôtels britanniques ne sont pas ici parmi les moins luxueux.

Cependant le train pour Annecy est en gare. J'y monte; nous passons successivement *Albens, Rumilly,* qui me rappellent des camarades d'enfance, des compagnons de mes premières études, originaires de ces pays; que sont-ils devenus? Où sont-ils? La destinée, qui nous réunit un moment et crée nos amitiés de jeunesse, les meilleures incontestablement, prend ensuite un malin plaisir à nous séparer; elle nous jette dans la vie sur des champs d'action bien divers; nous nous éloignons pour toujours les uns des autres; mais quand un jour, nous rencontrons sur notre route quelque souvenir ou quelque vestige qui ramène les absents à notre pensée, le passé soudain renaît, et nous éprouvons un vrai sentiment de joie, une émotion sincère. La ligne, après Rumilly, incline vers l'est, et longeant la vallée du Fier, passe à Annecy, où le train me dépose. Je m'y arrête, juste le temps nécessaire pour aller dire ma messe à la première église que je rencontre; c'est Notre-Dame de Liesse; demain, je reviendrai et visiterai la ville, tout à mon aise. Aujourd'hui il me faut aller à *Thorens-Sales*, où l'on m'attend à déjeuner.

Thorens est un petit village, ou plutôt un chef-lieu de canton des Alpes de Savoie, où tout nous rappelle l'aimable auteur de l'introduction à *la Vie dévote* et le saint évêque de Genève si cher à Henri IV. Là tout nous parle de lui, tout le ramène à notre pensée : l'emplacement du vieux château paternel dont il ne reste plus que la chambre où il naquit, humble petite chapelle aujourd'hui; l'église paroissiale dans laquelle il fut baptisé, fit sa première communion, fut ordonné prêtre, puis consacré évêque-coadjuteur, d'où enfin il partit, faisant à cheval, la route qui conduit de là à Annecy; c'est là que l'attendait le vénérable Monseigneur Garnier, dont il allait être le coadjuteur et le successeur.

Le train que j'ai pris, vers 9 heures au chef-lieu de la Haute-Savoie, m'amena à Groisy une demi-heure plus tard. On descend à cette station pour se rendre à Thorens; 8 kil. séparent les clochers des deux communes limitrophes. Comme le temps est mauvais, qu'il pleut, et que la cime des monts est couverte d'un gros bonnet de nuages, je ne me hasarde pas à faire la route à pied, et je monte en compagnie de quelques voyageurs dans une horrible et inconfortable petite auto qui fait la poste; nous sommes entassés au milieu de caisses et de bidons à essence, qui n'ont rien d'alléchant et la capote dépliée qui nous prive à la fois d'air et de lumière, nous interdit tout aspect du paysage. Mais je suis philosophe et je me dis que demain, s'il fait beau — et j'espère qu'il le fera — je me dédommagerai en revenant à pied prendre le train d'Annecy. Je voyage avec un prêtre, dont le col romain laisse apercevoir un peu de violet, c'est un Monseigneur, sans aucun doute, un prélat de Sa Sainteté le Pape. Bientôt je saurai qui il est; car à la descente de l'auto, le curé de Thorens, venu à sa rencontre, le saluera du nom de Monseigneur le Vicaire général; c'était en effet, le Grand-Vicaire de Monseigneur l'Evêque d'Annecy. Je le quitte aussitôt descendu, et je me dirige, dans la montagne, vers un petit hameau, perché dans le lointain, comme un nid d'aigle, où l'on me dit demeurer les personnes chez qui je dois déjeuner. C'est à environ trois quarts d'heure de marche, ou plutôt de montée. J'arrive, un peu à bout de souffle, le temps s'éclaircit, on déjeune, puis je me promène à travers les sentiers pierreux et les pentes ravinées, admirant le joli coup d'œil de tous ces monts qui s'enchevêtrent, de ces champs de verdure qui viennent jeter leur note gaie au milieu de la sauvage nature alpestre. Thorens est au fond de la vallée; je vois, seul, pointer son clocher de pierre, les maisons du bourg se cachent toutes à mes regards; j'entends bruire dans le silence de cette région tranquille, les cours d'eau qui dévalent des hauteurs et s'en vont, au loin, grossir la Filière, attribut elle-même du Fier impétueux. Quand ma vue fut satisfaite de ce spectacle grandiose et calme, je suis redescendu les flancs de la montagne et j'ai gagné le gros pâté de maisons qu'on appelle pompeusement, en Savoie, le chef-lieu, par opposition aux hameaux. Je me suis arrêté en passant, tout près de la petite chapelle faite, je l'ai dit, de la chambre natale du saint évêque qui a donné au pays son surnom de Sales; on y dit la messe deux fois l'an; j'ai visité le château nouveau où j'ai vu, conservés avec un soin jaloux et pieux, quelques objets ayant appartenu au saint évêque, sa crosse épiscopale, cinq mitres, un ornement complet pour la messe, son missel et son bréviaire, deux ou trois manuscrits précieux, enfin des portraits de l'époque. Ils appartiennent aujourd'hui, ainsi que le château au noble seigneur comte Roussy de Sales, et le bon vieux jardinier est plein d'une complaisance désintéressée pour faire visiter au pèlerin curieux la « chambre des souvenirs ». Un gigantesque tilleul, aux branches étendues et au doux feuillage, se dresse dans ce cadre merveilleux, et l'on aime à penser qu'à son ombre bienfaisante, François souvent s'assit et médita quelques-uns de ces écrits qui lui ont valu, avec l'immortalité du génie, la consolation d'avoir éclairé, soutenu, réconforté tant d'âmes, éprises de foi et d'idéal religieux.

J'ai reçu à Thorens la charmante hospitalité de M. le Doyen, l'archiprêtre, comme ils disent là-bas; son presbytère est accueillant à tous; c'est la maison de Dieu; deux vicaires y mènent, avec leur curé, une agréable vie commune. Le soir, après le souper, j'ai assisté aux exercices du mois de Marie, mais j'ai dû constater qu'il y avait fort peu de monde; quelques femmes et jeunes filles avec trois ou quatre religieuses, un des vicaires fit la lecture pieuse et j'ai donné la bénédiction du Très Saint-Sacrement. Le lendemain, qui était un jeudi, après avoir dit ma messe au maître-autel de la grande église restaurée, et pris le petit déjeuner que m'offrit le bon doyen savoyard, je suis reparti pour Annecy. Mon espoir de la veille n'a pas été déçu, ni mes prévisions sur le temps, en défaut; le soleil dorait les cimes des hautes montagnes, et l'air frais du matin chassait les nuages qui s'étaient un moment accrochés à leurs flancs, comme d'immenses flocons de laine blanchâtre. On respirait les senteurs printanières qui se dégageaient tout à la fois des arbres de la forêt et des fleurs champêtres qui émaillaient les prés; on se sentait vivre. J'ai fait la route à pied, huit kilomètres d'un ruban sinueux qui contourne les monts et laisse apercevoir un panorama toujours varié; tous les vingt ou trente pas, je m'arrêtais et me retournant, je regardais encore le spectacle énivrant de cette nature étonnante, ces pics, ces sommets, dont plusieurs étaient revêtus de neige, ces pentes vertes d'où surgissaient des arbres géants, ces prairies qu'arrosaient, tout en murmurant leur inlassable chanson, de petits cours d'eau limpides et purs. Et, devant moi, c'étaient d'autres sommets encore, aux formes plus indécises, aux contours estompés par la distance, les sommets des monts qui bordent les deux rives du lac d'Annecy; leurs lignes semblaient se confondre avec celles mêmes du ciel dans un horizon lointain, et, par moments, apparaissait la blanche cime de la Tournette, le géant de cette région avec ses 2.357^{m} d'altitude. Le train de Groisy m'amena en trois quarts d'heure à la ville.

Annecy, qui m'était apparue hier, dans la grisaille d'un ciel couvert de gros nuages, se montrait aujourd'hui sous l'éclat d'un soleil éblouissant; je m'en allai aussitôt, du jardin public, rempli d'arbres aux essences diverses, et orné de statues, qui entoure l'hôtel de ville, contempler son lac merveilleux. J'avais devant moi, tout près, l'île des Cygnes, un bouquet de verdure planté au milieu des eaux tranquilles, et mon regard embrassait les deux rives de la majeure partie du lac — Sur les côteaux, de gais villages dont les maisons aux tuiles rouges se détachent sur un fond vert; les clochers émergent au dessus d'elles, ainsi que les ruines de vieilles tours revêtues de lierre. A l'arrière-plan, de hautes montagnes aux crêtes variées, dominées par la Tournette, et les Dents de Lanfon ; dans le lointain, au nord, les flancs azurés du Salève.

Le paysage m'enchantait ; cette riche nature m'appelait à la contempler de plus près ; je laissai à demain la visite de la ville, et je m'embarquai aussitôt sur le gracieux vapeur qui fait le tour du lac, en passant d'une rive à l'autre. A la sortie du port, quai du Thiou, le bateau se dirigea aussitôt vers l'est, et debout sur l'arrière, je regardai d'abord la vieille cité annécienne qui s'étendait devant mes yeux, avec sa ceinture de promenades, ses dômes arrondis, les flèches de ses clochers, les tours imposantes de son château-fort qui surgissent du sein des eaux, comme une vision orientale. Puis le bateau fit escale à *Veyrier*, charmant village ensoleillé, au pied de la montagne qui lui donne son nom ; dix minutes après nous étions à *Menthon*, patrie de saint Bernard, ce jeune seigneur du Xme siècle, dont la vie extraordinaire confine à la légende. Fiancé contre sa volonté à une noble fille du pays, Marguerite de Miolans, par des parents qui ne veulent tenir aucun compte de sa vocation religieuse, il saute par une fenêtre du château, (on la montre aujourd'hui encore), la veillé même du jour où le mariage est fixé ; il s'enfuit du pays, va se cacher dans la vallée d'Aoste, en Italie, devient prêtre, puis moine, et, quelques années plus tard, chassant du Mont-Joux les Sarrazins qui l'occupaient, s'y installe avec ses frères en religion, et fonde les fameux hospices qui portent son nom, hospices du grand et du petit Saint-Bernard.

Menthon mérite qu'on s'y arrête, de préférence à toutes les autres stations du lac. Le site est on ne peut plus ravissant. Vous avez, au premier plan, des prairies encadrées de superbes noyers, une falaise qui tombe à pic dans les eaux, puis s'échelonnant sur les pentes d'un mamelon aux arbres séculaires, les coquettes maisons du village ; à mi-hauteur, le manoir féodal de l'illustre famille de Menthon, fièrement campé entre les formidables Dents du Lanfon et la croupe arrondie de la montagne du Veyrier ; derrière le château, un gigantesque rocher turriforme, faisant partie du massif du Parmelan, limite l'horizon.

On aborde à Menthon par une jolie baie, que ferme à droite le Roc-de-Chère ; le village est à quinze minutes du débarcadère. J'ai fait ce bout de chemin avec une dame âgée, qui fut la dernière lectrice de Taine et qui me parla de lui dans les termes les plus élogieux, me racontant quelques anecdotes de la vie du grand écrivain et du judicieux critique dans ce pays où il aimait à se retirer; avec elle, j'ai visité sa propriété et vu l'endroit où il a voulu être enterré, dans le silence de cette agréable nature. J'ai vu aussi l'église paroissiale de style roman, qui a son charme et son parfum, tout y rappelle le saint local, d'ailleurs un lieu de pélérinage régional. Deux écoles de filles dans ce petit village d'à peine six cents habitants, qui ne doit son importance qu'aux touristes et villégiateurs d'été, une école communale comme partout ailleurs, et une école libre qu'entretient la libéralité des seigneurs de Menthon; elle est, n'en doutez pas, plus fréquentée que l'autre. Je n'ai pas eu le courage de monter jusqu'au château, l'escalade m'en a paru trop difficile. J'ai préféré prendre la route unie et sinueuse qui mène au bourg de *Talloires*, en traversant le promontoire du Roc-de-Chère. Ce promontoire, que j'ai nommé tout à l'heure la falaise, s'avance hardiment dans le lac, qu'il semble de loin partager en deux, le grand et le petit lac, bien qu'en réalité, les deux n'en fassent qu'un. Talloires est un gros village de huit cent cinquante habitants, assis sur un côteau élevé, avec des maisons multicolores qui lui donnent un aspect particulier. Une vieille abbaye y fleurit au moyen-âge, dont les restes aujourd'hui modifiés et transformés constituent un hôtel original. André Theuriet vécut dans ces lieux et en fit la description vraie et poétique dans l'un de ses ouvrages. De Talloires, on embrasse très facilement tout le petit lac, qui n'offre plus d'ailleurs que deux stations; *Duingt*, village blotti sous les escarpements du Taillefer, et qui forme, avec son église, son vieux château en ruines et son manoir nouveau, un cadre magnifique; et *Doussard*, le point terminus, où l'on retrouve la voie ferrée qui mène à Faverges et de là va à Abbeville et à Chamonix.

Le lac d'Annecy est une des séductions de la Haute-Savoie. Beaucoup le préfèrent à celui du Bourget; il est certainement plus gai, plus gracieux; les montagnes qui l'entourent, ne l'écrasent pas; elles lui laissent des vues variées et assez étendues sur des vallées transversales ou latérales qui semblent disposées comme les décors d'un théâtre. Il rappelle les lacs de l'Italie ou ceux de la Suisse, si renommés pour leur beauté et leur pittoresque. Le Léman, sans doute, est plus grandiose, plus riche, plus décoratif, le lac d'Annecy est plus intime, plus reposant; il parle davantage à l'âme éprise de calme et de recueillement.

En rentrant assez tard, le soir, de cette promenade sur le lac, je rencontre au débarcadère un prêtre que j'aborde pour lui demander un hôtel convenable, où je passerai la nuit. Il me dit de le suivre, et m'emmène à la « Maison du peuple », dont il est l'hôte et le directeur. C'est tout à la fois un restaurant pour les petits employés et ouvriers catholiques qui n'ont pas de foyer, un hôtel à très bon marché, un cercle où se donnent des conférences sociales, un lieu de réunion pour les grands des patronages, le siège du journal du parti de défense religieuse, qu'on appelle le *Réveil social*. J'ai trouvé là, grâce à ce prêtre dont la conversation d'ailleurs m'a profondément édifié sur les œuvres catholiques du Diocèse et sur leur répercution sociale, une hospitalité charmante et toute fraternelle. J'ai su depuis que M. l'Abbé, malgré qu'il fût encore très jeune, avait été nommé par Monseigneur de la Villerabel, le vaillant évêque d'Annecy, chanoine de la cathédrale; et j'ai applaudi à cette nomination bien méritée.

J'ai consacré la journée du lendemain à visiter la ville. Tout y parle de saint François de Sales, tout y rappelle son nom, tout y respire encore le suave parfum qu'il a laissé après lui. On ne peut faire un pas sans qu'un édifice, une rue, une pierre n'évoque un épisode de la vie du grand évêque savoyard; Jean-Jacques Rousseau et Mme de Warens apparaissent bien pâles, bien effacés, bien petits auprès de lui, et j'approuve ses compatriotes, ses concitoyens, les petits-fils de ses diocésains, de lui avoir dressé sur le port, en face du lac, une statue imposante et digne de son génie et de son caractère.

J'ai voulu dire la messe près de ses restes sacrés, au couvent de la Visitation. Ce couvent était autrefois tout près de la gare; on eut besoin de place pour agrandir celle-ci et dégager son entourage. Les religieuses durent chercher un refuge ailleurs, et elles allèrent se fixer sur la colline qui regarde le lac, en face de Veyrier, et elles emmenèrent avec elles les corps embaumés et les chasses précieuses de leurs deux saints fondateurs, saint François de Sales et sainte Jeanne de Chantal. Et pour abriter ces reliques vénérables, elles n'ont pas hésité à jeter en terre les fondations d'une grande Basilique, dont la crypte seule est achevée; on travaille ardemment au reste. Les corps saints reposent de chaque côté du maître-autel de l'église souterraine, richement parés, l'un, de ses ornements pontificaux, l'autre de son vêtement de drap noir et de sa blanche cornette de visitandine; un jeu de lumières électriques et d'ampoules dissimulées laisse apercevoir tous les détails des corps de cire qui recouvrent les ossements des deux saints personnages.

Annecy n'est pas une grande ville, on en fait rapidement le tour. Elle possède de vieux et de nouveaux quartiers; les vieux sont bordés de lourdes et sombres arcades, sillonnés de canaux que dominent les tours féodales d'un château-fort; c'était l'ancienne résidence des comtes de Genève et des ducs de Genevois-Nemours. Les nouveaux quartiers sont entourés de magnifiques promenades qui rayonnent dans toutes les directions, promenade du Pâquier, avenue d'Albigny, Jardin public.

Comme monuments à visiter, je citerai l'ancien Evêché, hôtel particulier du président Favre, qui le mit gracieusement à la disposition de saint François de Sales quand il quitta Annecy pour aller présider le Sénat de Savoie. Cette demeure fut le berceau de l'Académie Florimontane, instituée par ces deux amis des lettres en 1607, vingt-huit ans avant que Richelieu ait fondé l'Académie Française.

La *cathédrale* se trouve dans la rue de l'Evêché. Elle appartient au style gothique de transition et fut consacrée en 1535. Elle n'a rien de bien remarquable et paraît très sombre; toute sa gloire lui vient d'avoir retenti souvent de la parole persuasive de saint François. Jean-Jacques Rousseau, enfant, y servit la messe comme enfant de chœur et y chanta des hymnes religieuses; hélas! pourquoi n'est-il pas resté fidèle à ses premiers sentiments! Il eût exercé sur son époque une meilleure influence, sans en avoir été un moins brillant écrivain.

Près du port, *le palais de l'Isle*. Possédé autrefois par les comtes de Genève, les de Monthon, les Luxembourgs, les comtes et les ducs de Genevois-Nemours, ce palais fut tour à tour une châtellenie, un atelier monétaire, un palais de justice, une chambre des comptes, le siège d'un conseil présidial. Plus tard, il devint prison royale et enfin asile d'une institution de bienfaisance. C'est dire qu'il a connu toutes les vicissitudes des choses humaines, et que si ses vieilles pierres pouvaient parler, elles nous révéleraient bien des secrets intéressants. On montre encore au premier étage la salle où l'on mettait à la question, et au rez-de-chaussée, une chapelle affectant la forme d'une proue de vaisseau; c'est là, dit-on, que les condamnés à mort passaient leurs derniers moments, avant qu'on les pendît à la potence et qu'on les y laissât jusqu'à ce que « mort naturelle s'en suive », ô délicieux euphémisme !

Un peu plus haut, se trouve le château-fort, qui domine la vieille ville. C'était l'ancienne résidence des comtes de Genève et des ducs de Genevois-Nemours, qui fut convertie en caserne; mais je ne pense pas qu'il y ait encore des soldats. Une grosse tour en pierres jaunes et cachant dans sa masse obscure, une salle d'audience d'où l'on précipitait les condamnés dans les oubliettes, reste encore comme vestige des douces justices d'autrefois. Non loin de ce château-fort un autre château, inachevé celui-là, qu'on appelle le Trésun *(tres, unum)* bâti, en l'honneur de la Très Sainte Trinité par l'évêque Auguste de Sales, de la famille du grand saint; puis le Séminaire, où Jean-Jacques Rousseau fit ses études de latin; enfin l'hôpital, admirablement situé sur une éminence. J'ai vu aussi, près du port, une petite chapelle qui dépend, je crois, du couvent de Saint-Joseph, et qui rappelle la fondation de l'Ordre de la Visitation par saint François de Sales et sainte Jeanne Françoise Frémyot de Chantal. Enfin je citerai, pour achever cette rapide description d'Annecy, l'église Saint-Maurice, tout près de l'hôtel de ville. Sa façade est encastrée dans une maison particulière, ce qui enlève à son charme extérieur, mais l'intérieur est assez agréable d'aspect; si les nefs latérales sont irrégulières, pour avoir été construites à des époques différentes, la grande nef et le chœur sont remarquables d'ampleur et d'élégance. Cette église fut fondée par le Cardinal de Brogny, ce petit pâtre en sabots dont la mine éveillée et intelligente attira un jour l'attention de deux moines qui passaient; ils lui apprirent à lire, à écrire, le firent ensuite étudier dans leurs écoles, et il devint un savant théologien, un maitre remarquable, puis un prince de l'Eglise à qui fut confiée la présidence du très laborieux et difficile Concile de Constance. Et on ne le vit jamais rougir de ses modestes origines; tout au contraire garda-t-il dans ses armes un souvenir touchant de sa première vie. L'Eglise, même avant la Révolution française, n'a jamais dédaigné de choisir ses princes et ses évêques dans les rangs les plus humbles, quand leur science, leur mérite ou leur vertu s'imposaient, et Pie X, le fils du petit facteur rural, a continué à notre époque une tradition qui déjà avait donné à la Papauté Sixte-Quint.

Avec Annecy, la perle de la Savoie, mon voyage s'achève. Je dis adieu aux chères montagnes dont les cimes élèvent la pensée et rapprochent du ciel, adieu aux beaux lacs dans lesquels se mirent ces mêmes montagnes, adieu à ces aspects pittoresques et variés d'une nature riche et féconde, qui toujours reposent l'âme et charment l'esprit. Paris et sa banlieue qui me rappellent n'ont pas certes les mêmes attraits, bien que tant de montagnards quittent, pour venir s'y perdre et s'y noyer dans les flots d'une population cosmopolite, leur douce contrée natale, le pays où les ancêtres ont toujours vécu, et plus heureux. Mais le devoir aussi commande au sentiment, force est de lui obéir, et de reprendre, où Dieu le veut, la tâche assignée par lui. Du moins, je remercie la divine Providence qui m'a procuré ce doux repos d'un mois, *Deus nobis hæc otia fecit*, d'un mois passé en Italie et en Savoie, terres de saines émotions, d'inoubliables souvenirs !

TABLE

AVIGNON, AUBANEL FRÈRES, IMPRIMEURS DE N. S. P. LE PAPE.

IMP
AUBANEL
FRERES
AVIGNON

www.ingramcontent.com/pod-product-compliance
Ingram Content Group UK Ltd.
Pitfield, Milton Keynes, MK11 3LW, UK
UKHW020333180726
13839UKWH00002B/699

9 782329 207483